AF602208

ORAISON FUNÈBRE

DE SA GRANDEUR

MONSEIGNEUR NOUVEL

ÉVÊQUE DE QUIMPER & LÉON

PRONONCÉE

DANS L'ÉGLISE CATHÉDRALE DE QUIMPER

LE 7 JUILLET 1887

PAR

MONSEIGNEUR BÉCEL, ÉVÊQUE DE VANNES.

VANNES

GALLES, IMP. DE MONSEIGNEUR L'ÉVÊQUE.

—

1887.

ORAISON FUNÈBRE

DE SA GRANDEUR

MONSEIGNEUR NOUVEL

ÉVÊQUE DE QUIMPER & LÉON

PRONONCÉE

DANS L'ÉGLISE CATHÉDRALE DE QUIMPER

LE 7 JUILLET 1887

PAR

MONSEIGNEUR BÉCEL, ÉVÊQUE DE VANNES.

VANNES

GALLES, IMP. DE MONSEIGNEUR L'ÉVÊQUE.

1887.

ORAISON FUNÈBRE

DE S. G. MONSEIGNEUR NOUVEL

ÉVÊQUE DE QUIMPER ET LÉON.

« *Quis, putas, est fidelis servus et prudens, quem constituit Dominus suus super familiam suam, ut det illis cibum in tempore?* »

« Quel est, pensez-vous, le serviteur fidèle et prudent que son Maître a établi sur ses serviteurs, pour leur distribuer leur nourriture selon le temps ? »

(S. Jean, XXIV, 45.)

Éminence (1),
Monseigneur (2),
Mon Révérendissime Père Abbé (3),
Mes Frères,

Toutes les fois qu'un Évêque, chargé de mérites et de vertus, descend dans la tombe, sa famille diocésaine, éplorée, lui paie un juste tribut de regrets, d'amour et de reconnaissance. Cette dette sacrée, le Clergé et les fidèles de ce diocèse l'acquittèrent, de

(1) Son Ém. Monseigneur le Cardinal Place, archevêque de Rennes.

(2) Monseigneur Mélizan, évêque de Jaffna.

(3) Le Révérendissime Père Abbé de la Pierre-qui-Vire.

cœur et d'âme, le mois dernier. Pendant huit jours, ce fut un pèlerinage attendrissant autour d'un lit de parade. La dépouille mortelle reposait dans la salle synodale transformée en chapelle ardente. Appendus aux murs, les portraits des évêques des siècles passés semblaient composer une garde d'honneur à celui « qui était entré dans leurs travaux (1), » et avait — espérons-le — mérité la même récompense. Le jour des funérailles, 8 juin, nous assistâmes à un spectacle émouvant, d'où devait être exclue cette pompe mondaine que des chrétiens empruntent trop souvent au paganisme. Quatre Évêques, un Abbé mitré, des dignitaires de tous les diocèses de Bretagne, six cents prêtres, des centaines de Religieux et de Religieuses, les Sénateurs et les Députés du Finistère, les Autorités civiles, militaires et judiciaires, des milliers d'hommes et de femmes de toute condition, formaient comme une immense couronne à l'humble cercueil. C'était une épouse et des enfants qui conduisaient avec soumission et dignité le cortège funèbre d'un époux et d'un père. Veuve infortunée, pauvres orphelins, désireux de rattacher l'avenir au passé, combien de temps encore vous demanderez-vous, avec une anxiété bien légitime : « Quel est, pensez-vous, le serviteur fidèle et prudent que son Maître a établi sur ses serviteurs, pour leur distribuer leur nourriture selon le temps ? »

Or, Mes Frères, il y a seize ans, lorsque prit fin le veuvage de l'antique Église de Quimper et Léon, le Pontife qui allait s'asseoir sur la chaire de saint Corentin et de saint Pol, ne pouvait pas vous causer pareil souci. « Ce bon pasteur connaissait ses brebis, et ses brebis le connaissaient (2). »

(1) S. Jean, IV, 38. — (2) S. Jean, X, 14.

Voici, Mes Frères, avec de légères variantes, une page d'hagiographie extraite des Petits-Bollandistes (1): elle mérite toute votre attention : vous ne l'écouterez pas sans intérêt :

« Ce bienheureux Prélat ne vint pas d'Angleterre en Bretagne, comme la plupart des premiers saints de cette province; il était de la Bretagne même et de la Cornouaille..... Ayant été élevé dans la piété, il embrassa l'état ecclésiastique et fut promu aux Ordres sacrés, puis il se retira dans un ermitage..... Les Seigneurs du pays, charmés de la prudence et de la sainteté du solitaire, le demandèrent pour évêque..... Cette faveur leur fut accordée..... L'élu reçut la consécration épiscopale des mains d'un saint Archevêque... Il vint ensuite gouverner le peuple que la divine Providence lui avait commis..... On lui fit une magnifique entrée dans Quimper..... Comme il n'oublia point durant son épiscopat qu'il était Religieux, de même les exercices de la vie monastique, qu'il continua toujours de pratiquer, ne lui firent point oublier qu'il était Évêque. Il visita tout son diocèse et ordonna de bons ecclésiastiques pour les placer dans les paroisses ; il corrigea les abus qui s'étaient glissés parmi les fidèles et s'occupa de toutes les autres obligations d'un bon pasteur. Enfin Dieu le retira de ce monde, pour lui donner la couronne d'immortalité. Son corps fut enseveli avec honneur dans son église cathédrale.... »

Que vous en semble, mes Frères? Ce récit, d'une simplicité charmante, n'est-il pas de nature à nous faire illusion? Il a suffi d'omettre les noms et les dates pour esquisser en quelque sorte le portrait du dernier évêque de Quimper. Ce qui fut écrit du pre-

(1) Tome XIV, page 208.

mier, rappelle les principaux traits de la douce et grave physionomie de Monseigneur Nouvel. Chacun de vous a dû le reconnaître. Un semblable parallèle, si honorable pour notre bien-aimé défunt, n'est-il pas propre à consoler ceux qui lui survivent? Comment, malgré leur profonde affliction, ne seraient-ils pas heureux et fiers d'avoir marché, avec respect, confiance et affection, sous la houlette tutélaire « d'un serviteur fidèle et prudent que son Maître avait établi sur eux, pour leur distribuer la nourriture selon le temps? »

Nous croyons, mes Frères, avoir trouvé dans ce texte évangélique les qualités maîtresses de ce saint Pontife, dont votre beau diocèse n'est pas seul à porter le deuil. Puissions-Nous, avec le secours de Dieu, la protection de saint Corentin et de saint Pol, faire revivre un instant devant vous l'excellent Père que la mort ravissait, il y a quelques semaines, à votre piété filiale! Pour y parvenir, il importe que cet éloge suprême soit simple et sincère comme la vie entière de celui qui en est l'objet. Nous ne saurions mieux honorer la pieuse et chère mémoire de Sa Grandeur Monseigneur l'Illustrissime et Révérendissime Dom Anselme Nouvel, évêque de Quimper et Léon, de l'Ordre de saint Benoit de la primitive observance du Mont-Cassin.

I.

Le 26 décembre 1814, venait au monde, à l'ombre de cette vieille cathédrale, un enfant que Dieu destinait à y porter dignement les insignes de la plénitude du sacerdoce. Ce fut dans cette enceinte qu'il reçut au baptême les prénoms de Charles-Marie-Denys. Pendant le cours de son existence, il se glorifia toujours de son titre de bas-breton. Il aimait les hommes et les choses de son pays natal, *où le sol est dur, où le cœur est fort*. Si, comme le soldat de la légende, il ne s'oubliait pas à le proclamer *le plus beau de la terre*, il en admirait les paisibles campagnes, les montagnes agrestes, les fraîches vallées, les landes arides mais non sans fleurs et sans parfums, les rochers et les falaises qui bordent l'Océan. Tout cela le faisait rêver à l'infini, et, voyant passer au large ces superbes navires qui sillonnent les mers, il regretta peut-être de ne pas s'embarquer pour propager la foi jusqu'au bout du monde. Il aimait surtout les monuments religieux, les églises gothiques avec leurs gracieux clochers à jour, les traditions, les croyances, les mœurs, et jusqu'aux costumes variés et pittoresques au milieu desquels son habit de moine ne fut pas déplacé plus tard. Cet ensemble lui rappelait les anciens âges durant lesquels la religion et le patriotisme se prêtaient un mutuel appui et opéraient tant de prodiges.

Charles Nouvel pouvait se montrer fier de son nom et de sa famille vraiment patriarcale.

Il appartenait à la noblesse.

Son aïeul, Charles-Marie-Thomas Nouvel de la Flèche, était Maître particulier des eaux et forêts et Sénéchal de Lesneven. Il avait épousé une demoiselle Gilard de l'Archantel, sœur de trois religieuses et de deux prêtres, dont l'un, Vicaire apostolique, en vertu d'un Bref pontifical daté du 27 juillet 1791, avait été chargé par Pie VI de procurer au diocèse de Quimper les secours spirituels que ne pouvait lui donner l'évêque constitutionnel. Arrêté comme suspect, surtout parce que son château servait de refuge aux prêtres et aux Religieuses sous la Terreur, il fut emprisonné à Landerneau, où il mourut du typhus.

Tout jeune encore, son fils, Joseph-Charles, père du futur évêque de Quimper, faisait souvent le guet autour du château, et avertissait de l'arrivée des *patriotes*, les réfugiés, qui se hâtaient de s'ensevelir dans leurs cachettes, pour échapper à ces bandes de traîtres et de délateurs dont la race maudite n'a pas disparu.

Béni de Dieu et des hommes, l'enfant grandit et joignit toujours à une bonté devenue proverbiale, une rare modestie. Il signait : Joseph-Charles Nouvel, abandonnant son titre nobiliaire, que ses petits neveux ont été autorisés à reprendre. Il eut l'honneur de faire partie de cette vieille magistrature française dont l'intégrité, le savoir, l'impartialité, la distinction inspiraient une absolue confiance et commandaient un respect basé sur la plus profonde estime. Debout ou assise, elle entendait n'obéir qu'à sa conscience et ne rendre compte de ses arrêts qu'à Dieu seul.

Décoré de bonne heure pour ses loyaux services, il remplit successivement les fonctions de Procureur du roi à Quimper, de Conseiller à la Cour de Rennes, de Président d'assises.

En 1830, il refusa de prêter serment au Gouvernement nouveau et descendit spontanément de son siège, sans prendre en considération la modicité de sa fortune et le nombre de ses enfants. Ses concitoyens lui surent gré de cet acte de désintéressement. Il vécut et mourut respecté de tous.

Il s'était allié à une famille d'ancienne noblesse, qui a donné à la marine plusieurs officiers distingués.

Caroline-Agathe Huon de Kermadec (1), sa vertueuse compagne, a laissé dans la meilleure société de Rennes, où elle exerça longtemps une influence salutaire, le renom d'une femme instruite, pieuse, pleine de grâce et de bienfaisance. Son salon était le rendez-vous d'un monde choisi, à la fois élégant et sérieux ; ce qui ne l'empêchait point de remplir avec intelligence et dévouement ses devoirs d'épouse et de mère. En montrant ses enfants, elle eût pu dire, comme une romaine : « Voilà mes joyaux ! » On nous a raconté qu'un jour, Madame Nouvel s'étant présentée à l'évêché de Quimper, accompagnée de son petit Charles, Monseigneur de Poulpiquet lui demanda combien elle avait d'enfants. — « J'en ai eu huit, répondit-elle. » — « Tant mieux, Madame, répliqua son éminent interlocuteur, le bon Dieu bénit les nombreuses familles ! » Et il aurait ajouté, en caressant son futur successeur : « Celui-ci sera évêque. »

(1) Le nom d'Huon de Kermadec est resté attaché à des ilots situés au nord de la Nouvelle-Calédonie, à une baie au sud-est de la Nouvelle-Guinée, et à un archipel de la Nouvelle-Zélande.

En attendant, le fils avait pour sa mère un culte mêlé de tendresse et d'admiration. Ses frères et ses sœurs rivalisaient avec lui de piété filiale. Ils se sont tous montrés dignes de leur père et de leur mère. Il en reste deux seulement, deux femmes de bien, affables, édifiantes et charitables, qui s'appliquent à copier les beaux modèles qu'elles ont eus sous les yeux. L'une d'elles est entrée, par son mariage, dans une autre famille noble et chrétienne. Elle tient de son époux un beau nom, toujours bien porté, une haute et respectueuse considération, que justifie un mérite peu commun, une vertu qui ne s'est jamais démentie, ni dans la vie publique ni dans la vie privée, une parfaite loyauté de caractère, des services rendus, avec intelligence et générosité, à la France et à l'Église, notamment le sacrifice d'un fils unique, mort à la suite d'une campagne dirigée contre les ennemis du Saint-Siège. Au manoir de Saint-Uhel, Monsieur le sénateur et Madame de Kerdrel ont porté beaucoup d'autres deuils douloureux, particulièrement celui de deux filles chéries. Dieu leur en a laissé une, qui fait, avec ses enfants, la consolation de leurs vieux jours. Elle continuera leurs bienfaits et imitera leurs vertus.

Celui que nous pleurons tous, se réjouissait de se retrouver au milieu des siens, dans cette demeure hospitalière, où règne la paix intérieure et dont la porte s'ouvre à l'infortune comme à l'amitié.

Dès son enfance, qui s'écoula douce, paisible et cultivée avec soin, dans la maison paternelle, puis, au départ de ses parents pour Rennes, chez sa grand' tante, mademoiselle Nouvel, il montra les plus heureuses dispositions. L'amour du devoir le préserva des écarts qui conduisent l'enfance et la jeunesse aux plus funestes habitudes. Cœur généreux, âme naturellement pieuse, d'une humeur égale, Charles Nouvel avait cet air enjoué, ouvert, attrayant, qui révèle une nature honnête et sympathique. Cette franchise d'allure qu'il portait même dans l'exercice de ses petites dévotions, ne fut pas comprise d'une vieille servante, plus rigoriste que sa maîtresse, et qui, prise de scrupules pharisaïques, s'en alla recommander, un jour, à Mademoiselle Nouvel de surveiller son neveu. « — Pourquoi, répondit la bonne tante, qui ne pouvait comprendre cet excès de sollicitude, à coup sûr bien intentionnée ? » — « Ah ! Mademoiselle, vous n'avez donc pas remarqué que Monsieur Charles chante en allant à confesse, et qu'il danse en revenant ? »

En ce temps-là, le collège de Quimper était dirigé par des Maîtres instruits et chrétiens, entre autres plusieurs ecclésiastiques, qui donnaient à leurs élèves une instruction solide, sans négliger d'incliner leurs esprits et leurs cœurs vers les pratiques religieuses.

C'est à cette école que Charles Nouvel mena de front l'étude des belles-lettres et de la doctrine chrétienne. Il se concilia l'estime de ses professeurs et l'affection de ses condisciples. Sa première communion, faite avec ferveur dans l'église de son baptême, développa les germes de piété que tout avait contribué à déposer en lui, au foyer domestique, au collège et dans ses relations de parenté. A seize ans il avait terminé ses humanités, par une épreuve couronnée de succès et qui lui ouvrait une carrière libérale. Il lui parut naturel de marcher, à tous égards, sur les traces de son père, qui, par son travail et sa valeur personnelle, avait mérité d'être investi d'une des plus hautes fonctions à la Cour d'Appel.

Le jeune Charles Nouvel commença ses études de

droit, qu'il poursuivit régulièrement jusqu'au jour où il se fit inscrire au tableau des avocats, à Rennes. Et pour mieux s'habituer aux affaires, il travailla, en qualité de premier clerc, sous les ordres d'un des avoués les plus occupés près le tribunal de première instance de cette ville.

Si les limites de ce discours Nous permettaient de jeter un coup d'œil rapide sur la vie du jeune étudiant, nous serions édifiés de son application, de l'industrie de sa charité, de la convenance de toutes les relations sociales que lui imposait la situation de sa famille. Il vit de près, d'un œil attentif et investigateur, le monde et ses prétentions injustifiables, sans parler de ses grandes misères physiques et morales. De concert avec deux camarades, qui partageaient ses principes et ses habitudes religieuses, il établit une des premières Conférences de Saint-Vincent-de-Paul : ce qui lui facilita l'exercice de la charité, en ouvrant devant lui des horizons nouveaux qu'il n'avait fait qu'apercevoir encore. Aussi bien il avait déjà entendu l'appel de Dieu, qui lui disait : « Suis-moi (1); je te conduirai dans la solitude, et, là, je parlerai à ton cœur (2). »

Il n'est pas permis d'en douter, après cette confidence qu'il fit à un Religieux, le 22 octobre 1885 : « Je dois peut-être ma vocation au sacrifice que mon père s'imposa en donnant sa démission de Conseiller à la Cour de Rennes : ce qu'il regardait comme un devoir, bien que cette démarche lui coûtât beaucoup et fût contraire aux intérêts de notre famille. Quelques jours après, il m'appela et me dit : « — Tu es l'aîné; » il faut que, par ton travail, tu te crées une position » honorable ; maintenant c'est plus nécessaire que

(1). S. Matt., IX, 9. — (2). Osée, II, 14.

» jamais. » — Je me mis avec ardeur à l'étude du droit... Je ne songeais nullement au sacerdoce... A quelque temps de là, sans que personne m'en eût parlé, un matin, la pensée de me faire prêtre me vint à l'esprit et me pénétra peu à peu jusqu'à déterminer en moi un attrait irrésistible. Je compris que c'était la voix de Dieu... »

N'est-il pas écrit, mes Frères, que l'homme obéissant sera victorieux (1)? »

Mais le jeune avocat devait consacrer quatre années au noble ministère de la parole devant les tribunaux de la justice humaine. Cette profession est des plus honorables pour celui qui l'exerce avec conscience et dignité, sans l'abaisser à des calculs d'intérêts trop personnels, qui ont pour mobiles une ambition effrénée et une cupidité insatiable.

De sa barre, l'avocat peut contribuer puissamment au triomphe d'une cause équitable, comme aussi causer à autrui un préjudice irréparable : de telle sorte que ses plaidoiries ont les plus graves conséquences. La fortune, l'honneur, la vie même de ses semblables dépendent en quelque sorte de la force, réelle ou apparente, de son argumentation, de la chaleur de son éloquence et surtout de la droiture de ses intentions. L'Église et l'État peuvent espérer en lui ou redouter ses attaques. L'histoire des causes célèbres renferme des preuves innombrables de cette assertion. Hélas ! nous l'avons appris, de nos jours, à nos dépens.

Faut-il donc s'étonner qu'un jeune homme aussi bien préparé que Charles Nouvel aux luttes du barreau, doué d'un esprit droit et sérieux, d'un cœur

(1) Prov., XXI, 28.

ardent au bien et plein de commisération pour les déshérités de ce monde, ait mis de bonne heure sa raison et son éloquence, sa foi et sa charité au service de la vérité et de la justice, souvent mal défendues et quelquefois trahies sans pudeur ?

Dieu bénit ses efforts, sans le détourner toutefois du but supérieur qu'il avait entrevu dans ses rêves pieux et qu'il allait bientôt atteindre. Ce qui prouve que ses aspirations l'élevaient déjà bien au-dessus des plaisirs, des richesses, de toutes les jouissances de la terre, c'est qu'il prélevait sur ses gains annuels une somme qu'il mettait en réserve pour se trouver en mesure de suivre sa vocation, sans imposer de nouvelles dépenses à ses parents. Mais il n'était pas homme à prendre légèrement et sans plus de réflexions une détermination de cette nature. Il voulut s'éprouver encore ; il résolut donc d'aller passer quelque temps à Paris et de prendre part, dans des limites que lui traçaient ses principes et ses pratiques, aux fêtes mondaines. Les bals, les spectacles, les réunions plus ou moins bruyantes et joyeuses, auxquelles il assista, sans entraînement ni dégoût, lui firent mieux comprendre qu'ici-bas tout est vanité. *Quid hæc ad æternitatem*, se disait-il sans doute ?

A son retour en Bretagne, il s'ouvrit à ses parents et leur déclara qu'il avait résolu d'embrasser l'état ecclésiastique. Il entrait au séminaire de Saint-Sulpice, le 9 octobre 1838, à l'âge de vingt-quatre ans.

Voici le témoignage très significatif qui Nous a été rendu de lui par un de ses vénérés professeurs : « Monsieur Nouvel se fit remarquer chez nous par un caractère parfaitement honnête, loyal et ferme. Il apportait au séminaire une vertu éprouvée dans le monde et qui, bien loin de se démentir, prit des accroissements constants par les grâces du séminaire et par une observation affectueuse de la Règle. Il était très intelligent et d'un jugement très sûr. Ces qualités lui concilièrent l'estime et le respect de ses condisciples. Nous, ses Directeurs, nous le considérions tous comme devant être un saint prêtre (1). » — « Heureux, Nous écrit-on d'autre part, ceux de ses condisciples qui l'eurent pour Moniteur ! La franchise de ses conseils ne pouvait que leur être très salutaire. Il passait pour sévère ; il ne l'était que pour lui-même. Jamais il ne fit de feu dans sa chambre, au plus fort de l'hiver, souvent rigoureux à Paris. Il fut ordonné prêtre le 5 juin 1841. »

Le souvenir de ses Maîtres, aussi vertueux que savants, attachés par le fond de leurs entrailles à la sainte Église Romaine, dont ils sont les fils les plus respectueux, le suivit toujours et partout. Il leur resta tellement attaché et reconnaissant qu'il n'allait jamais à Paris sans visiter cette Maison de hautes études et de ferventes prières. Il y a fait une fondation temporaire d'une bourse, afin que, après sa mort, pendant une période d'années déterminée, un sujet du diocèse de Quimper vînt puiser à cette source abondante et pure la vraie doctrine catholique, l'amour de l'Église et le dévouement au Siège apostolique. Aussi, l'évêque de Quimper fut-il indigné des attaques dirigées naguère contre l'illustre et pieuse Compagnie des Sulpiciens. Il voulait protester publiquement contre d'aussi inconcevables calomnies. Cédant aux observations charitables de ceux-là mêmes qui étaient intéressés à tirer vengeance d'une semblable infamie, il se contenta, comme tant d'autres, de prier pour le coupable, après

(1). Lettre de M. Icard, Supérieur général des Sulpiciens.

avoir rendu hommage au mérite et à la vertu de ses anciens Directeurs.

Une fois élevé au sacerdoce, l'abbé Nouvel s'empressa de revenir en Bretagne, pour y travailler de toutes ses forces à la plus grande gloire de Dieu et au salut des âmes. Nous le verrons occuper successivement tous les degrés de la sainte hiérarchie, conduit par l'obéissance à ses supérieurs ecclésiastiques, toujours le serviteur *fidèle et prudent des serviteurs du Bon Maître.* Comme il appartenait par sa naissance au diocèse de Quimper, l'évêque de Rennes, Monseigneur Brossais Saint-Marc, dut s'entendre avec Monseigneur Graverand, qui ne céda pas sans regret un prêtre de cette valeur. Quelques années plus tard, au Concile provincial de Rennes, celui-ci lui donna gracieusement une nouvelle preuve de son estime, en le choisissant pour secrétaire pendant les réunions du Synode.

Nommé vicaire à Saint-Germain de Rennes, l'abbé Nouvel fut parfaitement accueilli par les prêtres et les fidèles de cette excellente paroisse. Son bon caractère, ses manières simples et affables, son abnégation et son obligeance lui gagnèrent aussitôt l'affection de ses confrères. Son aspect sérieux et bienveillant, mortifié et recueilli, sa tenue plutôt négligée que recherchée, l'accueil empressé qu'il faisait aux petits et aux grands, sa piété de bon aloi, ses allures pleines de naturel et de bonhomie lui gagnèrent bien vite la confiance de toute la paroisse. Il avait le goût du ministère et il s'y livrait avec un zèle ardent mais mesuré. Il visitait les malades ; il instruisait les enfants ; il courait à la recherche des brebis égarées. De semblables débuts présageaient une vie sacerdotale des mieux remplies et des plus salutaires.

Ce jeune ouvrier évangélique fut bientôt arrêté dans

ses élans si généreux. Il dut se résigner à passer de cette vie active et si attrayante dans une cellule du grand séminaire, où il aurait à préparer silencieusement les graves leçons de morale que son évêque le chargeait de donner aux élèves du sanctuaire. La Chaire de morale n'est ni la moins importante ni la plus facile à occuper. Elle appelle un homme de science, d'expérience, d'un jugement sûr et d'une conscience bien formée.

L'abbé Nouvel était mieux préparé que bien d'autres à cet enseignement, à cause de ses études juridiques, de l'apprentissage auquel il avait été soumis dans le monde et le ministère paroissial.

Notre très Saint-Père le Pape écrivait, le 14 septembre dernier, aux Évêques de Portugal : « Deux choses sont surtout nécessaires dans l'éducation des clercs, la doctrine pour la culture de l'esprit, la vertu pour la perfection de l'âme. Aux classes d'humanités, dans lesquelles on a l'habitude de former la jeunesse, il faut ajouter les sciences sacrées et canoniques, en ayant soin que la doctrine en ces matières soit saine, absolument irréprochable, pleinement d'accord avec l'enseignement de l'Église, surtout en ces temps-ci, en un mot, excellente pour la solidité et l'ampleur, afin *que le prêtre soit puissant à exhorter et qu'il puisse redresser ceux qui contredisent sa doctrine.* — La sainteté de la vie, sans laquelle la science enfle et ne produit rien de solide, comprend non seulement des mœurs honnêtes et intègres, mais aussi cet ensemble de vertus sacerdotales qui fait que les bons prêtres sont l'image de Jésus-Christ, le Prêtre suprême et éternel... »

A ces deux points de vue, l'abbé Nouvel pouvait accepter avec confiance la charge qui venait de lui être imposée. Il était capable de la porter. Aussi ne tarda-t-il pas à donner sa mesure. Son enseignement était solide, clair et à la portée de tous. Il exposait judicieusement les principes et en montrait l'application selon les circonstances de temps, de lieux et de personnes. Par sa régularité, son exactitude aux exercices de la communauté, par sa piété soutenue, sans vaine ostentation, il édifiait tout le monde. Il connaissait le prix du temps et ne se permettait que les récréations et les promenades réglementaires. Ses rares loisirs étaient consacrés à sa famille. C'était le fils le plus respectueux et le frère le plus dévoué.

Pendant le cours de son professorat, l'abbé Nouvel continuait l'exercice de la prédication. Il aimait ce ministère et y réussissait d'autant mieux qu'il n'y portait aucune prétention. Il prêchait simplement, avec un accent convaincu, qui attirait l'attention de ses auditeurs. Ses instructions, pleines de doctrine et d'onction, d'où il bannissait impitoyablement les phrases à effet et les questions brûlantes du moment, les personnalités blessantes, frappaient les esprits et captivaient les cœurs. N'envisageant que la gloire de Dieu et le bien des âmes, cet homme apostolique se montrait vraiment *le serviteur fidèle et prudent* du meilleur des Maîtres.

Son évêque ayant jugé opportun, en 1852, de confier la direction du séminaire aux Pères de l'Immaculée Conception, l'abbé Nouvel se réjouit de retourner à un ministère plus conforme à ses goûts, sinon à ses aptitudes. Suivons-le à l'hôpital Saint-Yves, où il fut envoyé en qualité de premier aumônier. Le Patron des avocats et des gens de justice ne lui refusera point sa puissante protection dès lors qu'il s'agira de secourir spirituellement et corporellement cette nombreuse et si intéressante clientèle qu'il assistait lui-même avec tant de commisération. C'est un de ses dignes collaborateurs qui a bien voulu nous ouvrir discrètement la porte de l'asile où il fut le témoin édifié du zèle infatigable que le nouvel aumônier déploya sans relâche pendant plusieurs années : « J'ai eu le bonheur d'entretenir les plus intimes relations, à l'hôpital du vieux Saint-Yves avec le saint prêtre qui devait être élevé plus tard sur le siège épiscopal de Quimper, où il vient de mourir. Ce sont les meilleures années de mon ministère sacerdotal. Depuis le mois de septembre 1853 jusqu'à la fin de 1856, j'ai pu apprécier les excellentes qualités de son cœur si dévoué, l'aménité de son caractère et son zèle pour le salut des âmes. Il aimait beaucoup notre ministère auprès des malades, qu'il visitait assidûment chaque jour, dans la matinée et dans la soirée. Il mettait tout en œuvre pour leur procurer les secours de la religion. Dès son arrivée dans cette Maison, il établit l'usage d'instructions dans les salles deux fois par semaine, un jour pour les hommes, l'autre pour les femmes. C'est dans le même but qu'il composa un opuscule intitulé : *Conduite pour revenir à Dieu.* Ce petit livre, imprimé en gros caractères pour en faciliter la lecture aux infirmes, renfermait de belles considérations sur les moyens d'opérer notre salut : il contient en substance les principales vérités de la religion et les devoirs qu'elle nous impose. Nous le mettons entre les mains de nos malades, généralement peu instruits ; ils en retirent grand profit.... Si Monsieur Nouvel était plein d'amour pour les pauvres et de zèle pour leur salut, pendant son séjour à l'Hôtel-Dieu, il était aussi d'une régularité bien édifiante et fidèle aux exercices de piété recommandés aux prêtres. Debout dès quatre heures, il employait le temps qui précédait la messe, dite à six heures, à l'oraison, à la récitation du Bréviaire et à la préparation du saint sacrifice. Il ne manquait jamais chaque jour de faire sa visite au Très Saint-Sacrement, et, le vendredi, le chemin de la croix. Sa vie était connue de ses confrères ; ils s'éclairaient de ses sages conseils ; plusieurs l'avaient choisi pour confident de leur conscience. Pour moi, je n'oublie point les bons exemples que m'a donnés autrefois ce saint évêque. » De leur côté, les bonnes Religieuses qui desservent ce vaste hospice conservent le souvenir des vertus et des sacrifices que l'abbé Nouvel pratiqua au milieu d'elles pour consoler tant d'affligés, instruire tant d'ignorants, souvent grossiers et impies, *se faire tout à tous pour les gagner à Jésus-Christ* (1). Les médecins et les employés rendaient avec admiration le même témoignage de son zèle. A cette époque, le prêtre n'était pas encore réduit à solliciter une sorte de billet de faveur pour aller à l'hôpital consoler les pauvres malades et les aider à bien mourir.

La divine Providence avait d'autres vues sur cet aumônier exemplaire. Il était à la veille de devenir le pasteur *fidèle et prudent* d'un nombreux troupeau, au milieu duquel sa sollicitude éclairée brillerait d'un plus vif éclat.

En 1857, la vaste Cure de Toussaints devint vacante. Monseigneur Saint-Marc eut l'heureuse pensée de donner l'abbé Nouvel pour successeur au vénérable abbé Berthelot. Avant de fixer son choix, il s'en ouvrit à l'un des amis les plus intimes de ce prêtre, désirant avoir son avis. Écoutez la réponse. Elle fait grand honneur à celui qui en était l'objet : « Vous voulez donner à la paroisse de Toussaints, si populeuse et qui renferme tant de misères physiques et morales, un

(1) 1re Ép. aux Cor., IX, 22.

pasteur disposé à se consacrer entièrement à elle et, au besoin, à se sacrifier pour son troupeau, vous ne pouvez pas faire un meilleur choix. Envoyez-y l'abbé Nouvel. » Il y fut nommé et il accepta par obéissance, en vue de Dieu et des âmes, ce fardeau dont il ne se dissimulait pas la pesanteur. Aussitôt à l'œuvre, il mesura l'étendue de ses obligations et comprit qu'il devait faire immédiatement appel à la bonne volonté de ses vicaires, pour qu'aucune œuvre ne restât en souffrance. Il chargea l'un de l'entretien de l'église et de la sacristie ; un autre dirigea les offices et fit observer les règles liturgiques. Les catéchismes furent aussi partagés ainsi que la direction de deux congrégations de jeunes filles, qui exercent encore aujourd'hui la plus heureuse propagande dans ce centre populeux. Le Curé veillait à tout et prêchait d'exemple. Il se réserva spécialement d'évangéliser les pauvres par des conférences mises à leur portée et conformes à leurs besoins. Les prônes du dimanche étaient aussi la plupart du temps faits par lui. Malgré d'incessantes visites aux malades, de très longues séances au confessionnal, tous les soucis de l'Administration temporelle de sa paroisse, il trouva le temps de composer une *Explication du catéchisme du diocèse de Rennes,* pour continuer à domicile l'enseignement qu'il donnait à l'église. Ce pasteur n'était-il pas vraiment « le serviteur fidèle et prudent que son Maître a établi sur ses serviteurs, pour leur distribuer la nourriture selon le temps ? »

Tous ces travaux, bénis de Dieu et admirés des hommes, furent interrompus, contre son gré, par son évêque, qui se proposa de l'en récompenser et de s'adjoindre un coopérateur plein de savoir, de vertus et d'expérience. L'abbé Nouvel, habitué à voir la volonté de Dieu dans l'ordre donné par un supérieur, consentit à faire partie de l'administration diocésaine. Sa nomination de Vicaire général remonte à l'année 1864. Il prêta le concours le plus loyal à son évêque, fut, en toutes circonstances, un conseiller *fidèle* et *prudent*. La franchise de son langage, la fermeté de son caractère, une certaine ténacité dans les idées qu'il croyait bonnes furent-elles goûtées de tout le monde? Nous n'osons pas l'affirmer. « C'est, en quelque sorte, *le secret du Roi*, qu'il est bon de tenir caché (1). » Disons plutôt que l'abbé Nouvel, avait si souvent entendu une voix intérieure l'appeler dans la solitude qu'il crut le moment venu de se retirer du monde, pour mener une vie austère et mortifiée. Cependant il n'oubliait pas que le prêtre est *la lumière du monde* et *le sel de la terre*. Voilà pourquoi il se sentait toujours porté à *annoncer la bonne nouvelle* et à faire l'office du bon Samaritain... La lecture de la vie du R. P. Muard détermina sa vocation. Il avait trouvé le lieu de retraite où il lui serait loisible d'imiter tour à tour Marthe et Marie. Le 23 juin 1869, il frappait à la porte du monastère de la Pierre-qui-Vire. Lorsqu'elle se fut refermée derrière lui, il espérait n'en plus franchir le seuil que pour aller, sur l'ordre de son Supérieur, représenter le Bon Jésus de la crèche, du calvaire et du tabernacle auprès des pauvres, des malheureux et des affamés, qui ne savent pas toujours que l'*homme ne vit pas seulement de pain mais de toute parole qui sort de la bouche de Dieu* (2). Quelques jours avant son départ, il avait dit, dans l'intimité : « J'ai cinquante-quatre ans ; je ne puis avoir de dignité dans mon Ordre avant dix ans. Je mourrai auparavant. Me voilà débarrassé des responsabilités de la terre, et surtout je n'aurai plus à me prononcer sur les vocations ecclésiastiques. Je suis au comble de mes vœux ! »

(1) Tobie, XII, 9. — (2) S. Matt., IV, 4.

Le nouveau Postulant reçut, en Religion, le nom de F. Anselme. Le 12 juillet suivant, l'habit religieux lui fut donné, en la fête du Patronage de S. Benoît.

Le Maître des Novices s'aperçut bien vite que la formation de cet ouvrier de la dernière heure serait facile et prompte. Il le vit se soumettre aussitôt, très humblement, à tous les exercices, en compagnie de jeunes Frères, qui osaient lui signaler librement, au Chapitre, ses manquements extérieurs à la Règle et aux traditions du monastère.

« A son âge, nous écrit un des témoins de sa vie édifiante à la Pierre-qui-Vire, la réalisation de sa vocation, toute de raison, lui coûta beaucoup plus qu'à tout autre. Mais il sut trouver dans son esprit de foi et de mortification assez de force d'âme pour donner le change à tout le monde, même à ses supérieurs. Malgré la respectueuse estime qu'il sut mériter, dès son entrée, sans la chercher, malgré tout le soin que ses supérieurs mirent à lui ménager la transition, il eut beaucoup à souffrir ; mais jamais on ne surprit ni dans ses paroles ni dans son attitude la moindre manifestation des sacrifices parfois héroïques qu'il eut à faire. Au contraire, il était toujours d'une gaieté tellement vraie et franche, d'une expansion si naturelle, que personne ne soupçonnait ses luttes intérieures. Il est facile de deviner ce que fut un noviciat commencé et accompli sans défaillance dans de pareilles dispositions. Son maître des novices, qui l'a précédé de quelques mois dans l'éternité, aimait à répéter que jamais il n'avait eu de disciple plus docile, plus souple, plus maniable, en un mot, plus parfait que lui.

» Il fut admis à faire la profession religieuse au mois d'août 1870, en la fête du Cœur immaculé de Marie.

» A cette époque, le noviciat durait deux ans ; mais, sur la demande de la communauté, le Révérendissime P. Abbé général pouvait dispenser d'un an ; afin d'utiliser le plus tôt possible le trésor que la Providence lui avait donné, la communauté de la Pierre-qui-Vire sollicita une dispense, autorisée par les motifs les plus légitimes.

» Après sa profession, le P. Anselme fut chargé du cours de théologie morale pour les étudiants de la province.

» Ses anciens élèves n'oublieront jamais l'attrait que leur maître savait donner à cette étude, souvent si peu attrayante.

» C'était aux débuts de la malheureuse guerre contre la Prusse... Si elle fut un désastre pour la France, nous pouvons dire qu'elle fut très indirectement une source de bénédictions spirituelles pour la communauté de la Pierre-qui-Vire... A cause des calamités, et surtout à cause de la surexcitation des esprits, il fut impossible de prêcher des missions comme à l'ordinaire, au détriment des ressources matérielles ; mais au grand avantage de la communauté.

» On profita, en effet, de ces vacances forcées, non seulement pour se retremper dans la vie intérieure, mais on revisa le *règlement, le cérémonial monastique*, et différents autres points de la vie de famille. Le P. Anselme révéla dans les réunions capitulaires les trésors de science théologique, ascétique, canonique et d'expérience qu'il avait accumulés pendant son long ministère. S'il se *révéla,* ce fut bien malgré lui, car jamais il ne chercha l'occasion de se montrer ; quand il était interrogé, il donnait son avis, son appréciation, en toute simplicité, sans contention ni insistance. On aurait dit un jeune élève, un étudiant, soumettant ses difficultés pour en avoir la solution.

» Les supérieurs eûrent vite apprécié le don que le Ciel leur avait fait, et, comme s'ils avaient prévu qu'il leur serait vite redemandé, ils le chargèrent de faire des conférences aux Pères sur les points les plus importants de la science ecclésiastique, et, en particulier, sur les rapports de l'Église et de l'État, les lois politico-ecclésiastiques, la situation des communautés religieuses vis-à-vis du Gouvernement. On ne savait ce qu'il fallait admirer le plus, de l'étendue et de la solidité de ses connaissances ou de la clarté avec laquelle il résolvait les difficultés qui lui étaient soumises. Cet hiver de 1870-71, si triste à l'extérieur, fut pour les Religieux de la Pierre-qui-Vire, une vraie bénédiction, grâce à la présence du P. Anselme. Pendant ce carême, il prêcha une mission de trois semaines à Lormes, au diocèse de Nevers, où il a laissé un souvenir impérissable (1). » L'époque des premières communions le rapprocha des enfants dans les paroisses voisines. Ces petits amis du Sauveur Jésus avaient pour lui, comme pour tous les prêtres selon le cœur de Dieu, un attrait particulier. Sa simplicité, sa joyeuseté, la clarté de son langage inspiraient confiance aux plus humbles d'entre eux.

Il fut appelé, pendant l'automne de 1871, à donner plusieurs retraites à des Religieuses, qui le vénéraient. Nous aurons lieu de revenir sur la sollicitude qu'il porta toujours à ces âmes d'élite, dont le monde ne comprend pas assez le dévouement incomparable et la mission providentielle.

(1) Lettre de dom Théodore, bénédictin.

Pendant que Dom Anselme se dépensait ainsi pour les âmes, au dedans et au dehors de son couvent, un grand évêque mourut, qui lui avait dit, le 30 septembre 1868, au couronnement de sainte Anne : « Hâtez-vous, Monsieur le Vicaire général, de faire vos préparatifs pour venir bientôt me remplacer à Quimper ! »

Monseigneur Sergent avait ainsi prophétisé, après Monseigneur de Poulpiquet. Cette parole prononcée aux pieds de la Patronne de la Bretagne n'avait pas été oubliée. Le Vicaire général de Rennes avait eu beau changer de nom et d'habit, s'éloigner de son pays, dans le dessein de n'y plus revenir, la Providence devait l'y ramener. « Mes pensées ne sont pas vos pensées et mes voies ne sont pas vos voies, dit le Seigneur. Mais autant les cieux sont élevés au-dessus de la terre, autant mes voies sont élevées au-dessus de vos voies et mes pensées au-dessus de vos pensées (1). »

Toutefois Dieu, qui n'a besoin de personne, se sert des hommes pour arriver à ses fins miséricordieuses. Nous sommes heureux de pouvoir puiser à bonne source les renseignements les plus précis et les plus émouvants sur l'élévation de Dom Anselme Nouvel à l'épiscopat.

« Au mois de juin 1871, Monseigneur Sergent, rencontrant un Religieux de la Pierre-qui-Vire, lui demanda des nouvelles de l'ancien Vicaire général de Rennes, et raconta comment il s'était réfugié chez nous pour fuir l'épiscopat. Le bon Evêque ne se doutait pas qu'il n'avait que quelques semaines à vivre, et qu'en s'échappant de ses mains, sa crosse devait tomber dans celles du P. Anselme.

(1) Isaïe, LV, 8, 9.

» Le 25 août 1871, juste un mois après la mort de Monseigneur Sergent, un chanoine de Rennes écrivait au P. Anselme pour lui annoncer que des prêtres de Quimper étaient décidés à demander pour évêque l'abbé Nouvel, et que, pour vaincre ses résistances prévues, on avait eu recours à l'autorité de son ancien confesseur... Toute considération personnelle devait être sacrifiée au bien de l'Église, surtout dans les circonstances si difficiles qu'elle traversait... Après avoir tout fait, tout sacrifié pour se soustraire à l'épiscopat, il ne lui était pas permis de résister à la volonté de Dieu qui s'imposait à lui... On lui demandait seulement de laisser faire...

» Cette lettre ne fut pas remise au destinataire, mais renvoyée au R. P. Visiteur de la Province française, qui prêchait une Retraite religieuse à Sens, où le P. Anselme devait se rendre quelques jours après pour un pareil ministère. C'est à Sens, en effet, que le R. P. Bernard, Visiteur de la Province, lui remit la lettre, en lui disant, qu'après y avoir bien pensé devant Dieu, et malgré toute la peine qu'il en éprouvait, il ne pouvait pas s'opposer à sa nomination. Ce fut un vrai et terrible coup de foudre pour le pauvre P. Anselme... Quand il fut revenu de son saisissement, il annonça son intention d'en référer au Révérendissime Père Abbé Casaretto, notre Général, qui lui répondit : *que le clergé séculier en France ne manquait pas de prêtres dignes de l'Épiscopat ;* qu'il ne voyait pas pourquoi il priverait la Province et la Congrégation des services qu'on était en droit d'attendre de lui ; que sa promotion à l'Épiscopat serait un mauvais exemple et une porte ouverte à l'ambition... que, pour ces motifs et d'autres, Lui, Abbé Général, refusait son consentement...

» Dire la joie que lui causa cette réponse est impossible..... Mais des Membres du clergé de Quimper et de Rennes remuaient ciel et terre, multipliaient les démarches, à Paris et à Rome, pour obtenir cette nomination tant désirée.

» Les instances auprès du Révérendissime Père Abbé Général furent si pressantes, qu'il revint sur sa décision, et écrivit une seconde fois au P. Anselme pour lui notifier sa volonté expresse, et lui indiquer *les Armes* qu'il devait prendre. Ce fut pour ce pauvre Père un coup terrible..... Il lui restait une ressource, c'était de faire appel au Souverain Pontife. Il écrivit, en effet, à Sa Sainteté Pie IX une magnifique lettre latine, dans laquelle, après avoir soigneusement énuméré et consciencieusement exagéré les motifs de son indignité, il ajoutait : « Votre Sainteté a dit un jour que là où le soleil passe, les Bretons doivent passer, à cause de leur entêtement ; or, je suis *tenacissimus britto* (qu'il traduisait : *un bas-breton*); je ne puis que faire le mal..... Au nom du bien des âmes et de la paix de cette belle Église de Quimper, je supplie Votre Sainteté de ne pas me faire évêque. »

» Pie IX lui répondit par un magnifique Bref, où Il lui disait que sa volonté expresse et formelle était qu'il courbât la tête..... Ce Bref fut le coup de grâce ; le P. Anselme en fut atterré.

» Mandé à Paris pour *les informations canoniques*, il partit plus mort que vif.

» Le Gouvernement voulait nommer Monsieur Nouvel, ancien Vicaire général de Rennes ; le P. Anselme refusa d'y souscrire ; il exigea la mention de *Religieux bénédictin de la Pierre-qui-Vire*, et un Conseil des Ministres fut tenu tout exprès pour savoir si le Gouvernement accepterait à son tour. Il écrivait de Paris à son Supérieur, à ce sujet : « C'est demain que doit avoir lieu le Conseil des Ministres pour la nomination du P. Anselme, Religieux. Oh ! si mon saint état allait faire échouer tant de démarches et de combinaisons ! Priez bien pour qu'il en soit ainsi. » Encore une fois il fut trompé. Quand il eut constaté qu'il ne lui restait plus aucun espoir, son âme si forte n'y résista pas. Il perdit le sommeil et l'appétit, devint d'une maigreur effrayante, au point de faire craindre pour sa santé (1). »

Qu'il Nous soit permis d'ajouter que, durant ces négociations laborieuses, le ministre des Cultes Nous ayant consulté à ce sujet, Nous répondîmes que Dom Anselme ferait le plus grand bien au poste où il était question de l'envoyer et qu'il y serait parfaitement accueilli. Quelques jours après, le chef de l'État, qui avait pris conseil d'un grand chrétien, dont la mort fut un deuil pour l'Église et pour la France, signait la nomination de Dom Anselme Nouvel à l'évêché de Quimper. Le décret portait la date du 16 octobre 1871. L'humble Religieux était occupé à balayer le monastère, à l'arrivée de la dépêche officielle.

En attendant son élection, qui eut lieu le 23 décembre de la même année, l'évêque nommé dut verser bien des larmes, pousser bien des gémissements et adresser au ciel d'ardentes prières. Il reçut de précieux encouragements. Bornons-Nous à citer la lettre que lui écrivit l'illustre évêque de Poitiers, le futur

(1) Lettre de Dom Théodore, Bénédictin.

cardinal Pie : « Mon très révérend Père et Seigneur, Dieu vous a fait une grâce très grande en reprenant, par vous, possession de l'Ordre monastique pour le recrutement de son épiscopat en France. Ne doutez pas un seul moment que telles aient été ses vues, en vous faisant passer du grand Vicariat de Rennes par la Pierre-qui-Vire, pour aller à Quimper : ce qui n'est pas du tout le chemin direct, mais ce qui a été le chemin de la Providence. Votre ministère sera béni ; et votre costume noir, qui n'avait pas reparu chez nous depuis plus de cent ans sous les livrées de l'épiscopat sera comme le signe sensible des grâces exceptionnelles attachées à votre bénédiction. Adieu, mon cher Père et Seigneur ; je demanderai à saint Hilaire et j'irai demander demain à saint Martin, dans le monastère dont il a été violemment tiré comme vous pour être évêque, que ces deux grands saints vous investissent de leur double esprit épiscopal et monastique. »

Lorsque Rome eut parlé Monseigneur Nouvel se soumit et se prépara au fond de son cloitre, avec autant d'humilité que de ferveur, en présence de ses Frères en Religion, à recevoir la consécration épiscopale ; elle lui fut donnée, le 4 février, par l'Archevêque de Sens. Ce fut au monastère de la Pierre-qui-Vire une fête inaccoutumée, un jour de bénédictions, de joies, de regrets, d'espérances. Fortifiée par l'onction sainte, la victime était résignée, prête à marcher au sacrifice. Ce vaillant athlète, *fidèle* à Dieu et à l'Église, *prudent* dans la direction des âmes et dans le commerce des hommes allait entrer en lice. Ayant eu le bonheur de combattre à côté de lui durant seize années, Nous aimons à proclamer qu'il n'a rien négligé pour accomplir le vœu formulé dans sa devise :

In visceribus Christi. Toute l'ambition de ce pasteur était de réunir son troupeau dans le cœur de Jésus-Christ. C'est à vous, vénérables dignitaires de cette église cathédrale, à vous tous, prêtres de ce diocèse, qu'il appartiendrait de dire ce qu'il en a coûté au saint évêque dont vous avez été les coopérateurs respectueux, dociles et affectionnés, pour arriver à ses fins charitables. Car Nous sentons Notre insuffisance s'accroître, à mesure que se déroule à Nos yeux la trame de cette vie à la fois si intérieure et si apostolique.

II.

Mes Frères, ils doivent être nombreux dans cet auditoire les heureux témoins de l'entrée triomphale de Monseigneur Nouvel, à Quimper, le 15 février, 1872. L'accueil que vous lui réserviez, empruntait un caractère particulier aux liens qui vous unissaient à lui, depuis sa naissance, à sa renommée de science et de vertu, au contraste frappant qui résultait de la dignité épiscopale revêtue de l'habit monastique. On l'eût volontiers considéré comme un revenant du Moyen-Age. Le Gouvernement qui renouait ainsi une tradition interrompue chez nous, n'avait rien de théocratique; il n'était pas même monarchique, mais il respectait et protégeait, sans acception de personnes, la liberté individuelle; il reconnaissait les services rendus aux sciences, aux lettres, aux arts, à l'agriculture, à la patrie comme à l'Église, par des hommes dont l'habit et les vœux de Religion devaient, quelques années après, porter ombrage. Nous avons vu enchaîner leur charité, quand ils n'étaient pas violemment chassés de leurs paisibles demeures....

En ce temps-là, les Évêques recevaient officiellement de tous les Pouvoirs publics, les hommages dus à leur caractère sacré et à leur sainte mission. Venant au nom du Seigneur, n'ont-ils pas, en effet, droit aux égards que commande leur titre d'ambassadeurs du

Christ? Ce qui faisait dire au grand Apôtre : « Nous remplissons les fonctions d'ambassadeur pour Jésus-Christ ; c'est Dieu qui exhorte par notre entremise (1) » Aussi les peuples catholiques, particulièrement le peuple Breton, s'empresseront-ils toujours à l'envi de saluer leurs premiers Pasteurs, *les pères de leurs âmes*, avec le plus profond respect, avec l'enthousiasme qu'inspirent, en pareille circonstance, la piété filiale et l'ardent désir de mériter les bénédictions du Ciel, en rendant honneur à Dieu dans ses représentants.

Tels furent les principaux mobiles des transports d'allégresse qui éclatèrent dans cette cité, lorsqu'un moine du XIXe siècle prit possession du Siège où s'était assis, quatorze cents ans plus tôt, un autre solitaire, le saint fondateur de votre Église. Lui aussi venait du désert ! Lui aussi se réjouissait d'être Breton ! Lui aussi se consolait d'être Évêque, s'il comparait son troupeau à tant d'autres, et lorsqu'il se rappelait qu'il avait fallu lui faire violence pour lui imposer une responsabilité *redoutable aux anges eux-mêmes !*

Ne vous souvient-il plus, mes Frères, des premiers épanchements du cœur de votre dernier évêque ? Nous en avons trouvé un écho puissant dans sa Lettre pastorale, d'un souffle si chrétien et si français, si catholique et si breton. Ce document renferme le programme, toute la pensée, d'un trop court mais très fécond épiscopat.

Quels engagements prit-il vis-à-vis de vous, prêtres et fidèles? Ne les a-t-il pas tenus, hélas ! au delà de

(1) 2e Ép. aux Cor., v, 20.

de ses forces? N'a-t-il pas été, « Ce serviteur fidèle et et prudent que son Maître avait établi sur ses serviteurs pour leur fournir leur nourriture selon le temps? » Ses écrits, ses œuvres, ses vertus, sa mort le proclament éloquemment.

Ne lui reprochez pas, mes Frères, le regard attristé qu'il jette sur « cette solitude bénie où il avait trouvé la paix, où il goûtait le bonheur le plus pur, où il se préparait à ces travaux des missions évangéliques, si nécessaires de nos jours pour ranimer la foi des peuples et fermer les plaies de la patrie. » Comment ne regretterait-il pas ce monastère bénédictin que le P. Muard forma au milieu des bois du Morvan et qu'il mit sous la protection du Sacré-Cœur de Jésus et du Cœur immaculé de Marie? Voudriez-vous qu'il oubliât le P. Muard, « dont il avait, Nous écrit-on, si bien compris l'esprit qu'aucun autre de ses fils n'a fait plus d'honneur à sa famille religieuse? Le R. P. Muard et Monseigneur Nouvel, noms chéris, désormais inséparables dans notre affection! » Laissez-le donc appeler, avec saint Anselme, son glorieux Patron, ses Pères et ses Frères du cloître *les âmes bien-aimées de son âme*. Il vous donne ainsi la mesure de l'étendue et de la vivacité de ses affections surnaturelles. Aussitôt qu'il leur a payé sans détour sa dette de respectueuse estime, d'attachement inaltérable, de juste reconnaissance, il a le courage d'affirmer les droits imprescriptibles de toutes les Congrégations religieuses. Il proteste indirectement d'avance, contre les persécutions dont l'Église de France pourrait être menacée. Il remercie « l'homme d'État éminent qui présidait alors au gouvernement de la France, d'avoir, par le choix qu'il avait fait de sa personne, affermi et consacré le principe de la liberté des Instituts monastiques. Les préjugés de l'opinion ne l'ont pas arrêté, dit-il, et guidé par son intelligence élevée et surtout éclairé par ces lumières supérieures que l'esprit de Dieu répand sur ceux qui ont l'autorité, il a vu que, comme le disait Pie IX, au commencement de son Pontificat, les Ordres religieux sont des troupes auxiliaires d'élite de l'armée de Jésus-Christ, toujours utiles à l'ornement et à la défense de la société civile et de la république chrétienne. Le fait public d'un évêque français portant l'habit monastique proclamera le droit que possèdent ces saintes Institutions, trop longtemps calomniées et proscrites, d'apporter à nos sociétés modernes le puissant secours de leur dévouement et de leurs vertus. »

Venant à parler ensuite des évêques qui ont évangélisé ce pays à l'origine du christianisme, il se propose de marcher sur leurs traces et d'implorer leur protection; il se prononce catégoriquement sur deux questions fondamentales, dont l'une fait encore le sujet des plus vives préoccupations du monde catholique. Écoutez : « Lorsque les évêques de toutes les parties de l'univers, réunis aux pieds de Pie IX, affirmaient la nécessité du pouvoir temporel du Pape et de la conservation du domaine de Saint-Pierre pour le bien de toute l'Église et le libre gouvernement des âmes, ou, lorsque dans le Concile du Vatican, ils proclamaient l'autorité infaillible du Souverain Pontife, pasteur et docteur de tous les chrétiens, enseignant la doctrine sur la foi et les mœurs dans des décisions irréformables par elles-mêmes, notre vénérable prédécesseur était vraiment le témoin de la croyance des prêtres et des fidèles de son diocèse, qui, s'il en avait été besoin, se seraient levés comme un seul homme pour applaudir à son dévouement, à la cause sacrée de la vérité et de la justice. »

Dès l'année suivante, dénonçant à ses diocésains la grande conjuration ourdie chez tous les peuples contre Jésus-Christ et son Église, il s'exprimait ainsi : « Le S. Concile du Vatican a dissipé toutes les craintes, en nous rappelant que le Fils de Dieu, depuis qu'il est remonté vers son Père céleste, a fidèlement tenu la promesse qu'il avait faite à son Église d'être tous les jours avec elle jusqu'à la consommation des siècles. Il n'a jamais cessé d'être auprès de son épouse, de l'assister dans son enseignement, de la bénir dans ses œuvres, de lui porter secours dans ses combats et dans ses dangers (1). Nous ne devons pas, dans les temps difficiles que nous traversons, nous effrayer, comme ceux qui n'ont pas de foi dans les promesses divines, nous contrister, comme ceux qui n'ont pas d'espérance.

» Mais c'est un devoir pour nous de nous attacher avec plus de fermeté à Jésus-Christ, d'accepter dans toute son étendue son règne sur notre esprit, notre cœur, notre vie entière. On proclame de nos jours que tout Français doit s'exercer au maniement des armes, pour défendre l'indépendance de la patrie : tout chrétien doit aussi se préparer au combat contre les ennemis de Jésus-Christ et de son Église. Les réflexions sérieuses sur les devoirs qui lui sont imposés, les saintes pratiques de la pénitence et de la prière, sont les exercices spirituels qui instruisent et forment le soldat de l'armée du Christ. Jamais il ne vous fut plus nécessaire d'affermir dans vos âmes la vie de la foi, de vous montrer, par une profession ouverte des principes du Christianisme, dignes de vos pères, qui, après avoir accepté la loi de l'Évangile, lui furent

(1) Const. *Dei Filius*.

constamment fidèles et fermèrent toujours à l'hérésie la porte de leur pays.

» Placé comme une sentinelle vigilante pour empêcher l'invasion de l'ennemi, nous vous dirons ce que vous devez opposer à ceux qui, sous la conduite de celui que Notre Seigneur appelle *le Prince de ce monde,* viennent attaquer vos saintes croyances et solliciter de tristes apostasies. Nous vous signalerons les dangers qui vous menacent et nous vous ferons connaître les moyens de les conjurer. »

Il n'y manqua jamais. Ses Instructions pastorales reflétaient fidèlement la vraie lumière qui brille sans cesse *là où est Pierre.* Aussi, disait-il encore : « Nous ne sommes ici que l'écho d'une voix plus autorisée et plus sainte que la Nôtre.... Jamais il ne fut plus nécessaire que de nos jours d'avoir une autorité infaillible, gardienne des vérités nécessaires au bien des individus et au salut des sociétés...

» Il y a des hommes qui, entraînés par leur orgueil ou plutôt par leurs passions, voudraient établir une société sans Dieu, imposer à vos enfants une éducation dans laquelle on ne leur parlerait pas de Dieu, reléguer, en un mot, Dieu loin des affaires humaines. Ils voudraient, dans un pays éminemment chrétien, soustraire les âmes à l'autorité divine de l'Église catholique, ce qui serait ramener l'humanité aux ténèbres et à la corruption du monde païen. Ces hommes agissent avec une habileté et une audace qui pourraient nous faire trembler, si nous n'avions pas pour nous rassurer les promesses faites par Jésus-Christ à son Église, contre laquelle les puissances de l'enfer ne prévaudront jamais.

» Lorsque, de nos jours, Pie IX, maintenant avec

une vigueur et une fermeté apostoliques l'enseignement traditionnel de l'Église, a signalé aux fidèles et condamné les erreurs opposées aux vérités qui forment la base fondamentale de la société, quelques chrétiens, effrayés par les clameurs de l'impiété, se sont étonnés de voir l'Église refuser, à ce qu'ils appelaient l'esprit moderne, des concessions qui leur paraissaient utiles ; ou bien ils ont pensé qu'il eût été bon d'ajourner à des temps plus favorables l'exposé de certaines vérités qui leur paraissaient blesser les sentiments reçus. Ces chrétiens ne comprenaient pas qu'il est du devoir du Vicaire de Jésus-Christ de rendre témoignage à la vérité, lors même qu'il serait traduit au tribunal de l'opinion publique, comme le Sauveur, au tribunal de Pilate ; que c'est à lui seul qu'il appartient de juger quand l'intérêt des âmes qui lui sont confiées demande une nouvelle promulgation des vérités qui sont altérées par l'erreur. Le vrai catholique doit toujours recevoir avec respect et reconnaissance l'enseignement qui lui est donné et bénir Notre Seigneur qui veille sur son Église, et qui par ses Pontifes dissipe les ténèbres, et donne à celui qui les écoute la lumière de la vie. »

Dans une autre Lettre pastorale, écrite sous l'appréhension des conséquences funestes que produira l'enseignement tel qu'il est réglementé à tous les degrés, il s'écriait : « On parle beaucoup, de nos jours, de la nécessité de l'instruction, des découvertes et des progrès de la science. Il faut, dit-on, que l'enfant soit instruit, que celui qui trouve avec peine dans la chaumière qu'il habite le morceau de pain nécessaire à sa nourriture, reçoive une instruction qui lui procurera l'aisance et peut-être la richesse. Il faut que l'intelligence de celui qui peut se livrer à des études plus élevées soit cultivée, agrandie par la science, et qu'on lui fournisse avec abondance les moyens de l'acquérir.

» Nous sommes loin de nous attrister de ces développements de l'instruction. L'histoire de l'Église nous montre qu'elle a toujours encouragé les progrès des sciences et des lettres, soit en fondant ces grandes Universités catholiques qui ont été si célèbres dans le monde, soit en multipliant les écoles de tous les degrés, soit enfin en instituant des Ordres religieux voués à l'enseignement de toutes les classes de la société. Nous aimerons toujours la diffusion et l'extension de l'instruction populaire. Nous applaudirons aux découvertes et aux progrès des lettres et des sciences. Car nous savons que la religion n'a pas de plus grand ennemi que l'ignorance, et que la vraie science conduit ou ramène à Dieu l'homme de bonne foi qui, dans ses laborieuses études, ne se propose que d'arriver à la connaissance de la vérité.

» Mais parmi toutes les sciences, la plus nécessaire à l'homme est celle que nos Livres saints appellent la science de Dieu, la science des saints. L'instruction qui est obligatoire pour tous, celle qui atteint l'homme tout entier, son esprit, son cœur, son âme, son origine, ses devoirs, ses destinées, celle dont l'ignorance entraîne les suites les plus déplorables pour l'individu, pour la famille, pour la société, c'est l'instruction religieuse. »

En établissant sa thèse, le pasteur ne laissa point ignorer à son troupeau les obligations que ces entreprises scolaires imposaient aux prêtres, aux fidèles, aux parents, aux enfants, aux instituteurs et aux institutrices.

Vers la même époque, il crut de son devoir de communiquer à son Clergé une correspondance officielle, dans laquelle il avait protesté avec une grande énergie et une égale compétence juridique contre des mesures administratives hostiles à l'enseignement religieux.

L'année suivante, à la date du 12 août 1879, il adressait à un Sénateur, à propos du projet des nouvelles lois scolaires, une lettre remarquable. Il y expose, avec une logique irrésistible que, « bien loin d'empêcher l'enseignement donné par les Congrégations religieuses, on devrait dans l'intérêt du développement des études, de même que dans celui d'une éducation chrétienne et nationale, se réjouir des progrès qui se font chaque jour dans les écoles et les collèges tenus par les Congrégations. »

Il faut citer le commencement et la conclusion de ce beau plaidoyer :

« Je suis profondément attristé par ce qui s'est dit à la tribune législative, par ce que publie chaque jour une presse impie et licencieuse à l'occasion des projets de loi relatifs à l'enseignement. Tout ce que je vénère, tout ce que j'aime, est flétri, outragé. Les principes les plus nécessaires au gouvernement des sociétés sont méconnus, contestés. Les intérêts les plus sacrés des pères de famille sont sacrifiés aux passions politiques. En voyant le travail de ces mineurs, qui sapent les fondements sur lesquels s'appuie l'édifice national, on se demande avec anxiété si notre belle France ne présentera pas un jour, sous le rapport moral, le spectacle de ces ruines encore majestueuses que l'on trouve dans le désert, et qui attestent la grandeur des peuples aujourd'hui disparus.

» Les dispositions du projet de loi qui refuse aux Congrégations religieuses non autorisées le droit d'enseigner, ont à mes yeux un caractère anti-chrétien et même anti-social. Elles blessent profondément les droits de la conscience. Pendant que chez d'autres peuples, en Angleterre et en Allemagne, on cherche à nous emprunter les règles de ces saintes institutions, on veut édicter en France une indignité ou une incapacité contre ceux qui, appelés par Dieu à la vie religieuse, se dévouent aux labeurs de l'éducation.

» Je ne comprends pas cette pénalité. Lorsque je me suis fait Religieux, à un âge où l'expérience du monde et des affaires humaines m'avait donné l'intelligence des conditions dans lesquelles je pouvais espérer faire un plus grand bien, j'ai eu la pensée qu'en embrassant une vie austère, en renonçant aux biens de la terre, aux plaisirs et aux honneurs du siècle, je serais plus utile aux âmes que j'aurais mission de diriger. Je croyais que le dégagement des préoccupations que nécessite la vie ordinaire me rendrait plus facile la pratique de cette charité, qui se donne elle-même sans calcul et sans réserve.

» Je dois dire que j'ai trouvé dans l'étude et dans l'exercice des devoirs de la vie religieuse la réalisation de mes désirs. J'ai pu constater que rien n'était plus propre à élever l'esprit, à agrandir le cœur, à inspirer les sentiments les plus nobles et les plus généreux.

» La justice, la reconnaissance, les droits sacrés des pères de famille, les grands intérêts de la France, exigent le maintien de ces grandes institutions scolaires, fondées au prix d'énormes sacrifices pour procurer à la jeunesse le bienfait d'une instruction solide et d'une éducation vraiment chrétienne. »

Lorsque les lois qui régissent aujourd'hui en France l'instruction primaire eurent été votées, l'évêque de Quimper écrivit à son Clergé :

« Notre esprit est préoccupé, notre cœur souffre, notre âme est profondément attristée à la vue des dangers qui menacent la foi de nos populations, qu'au nom et sous le prétexte de la science on voudrait séparer de Jésus-Christ.

» Une législation nouvelle ne permet plus d'enseigner aux enfants, dans les écoles primaires, leurs devoirs envers Dieu. Elle supprime l'obligation de l'instruction religieuse, auparavant placée au premier rang des matières de l'enseignement. Elle interdit au prêtre l'entrée de l'école, qui est soustraite à sa surveillance. La lettre du catéchisme ne sera plus apprise par les instituteurs et institutrices, qui pouvaient remplacer les parents, chargés en premier lieu par la loi divine d'enseigner les éléments de la doctrine chrétienne. L'enfant, en un mot, recevra l'instruction dans une école qui, étrangère à la religion, ne lui fera connaître ni Dieu et les devoirs qu'il impose, ni l'âme, son origine et ses immortelles destinées.

» Si la Religion, ses doctrines, ses pratiques, ses livres, ses ministres sont exclus de l'école, il est de notre devoir à nous, prêtres de Jésus-Christ, qui avons la mission de le faire connaître, aimer et servir, de multiplier nos efforts pour former l'esprit et le cœur des enfants par ses divins enseignements. Le salut de leurs âmes nous demande un dévouement proportionné à la gravité des circonstances. »

En faut-il davantage, mes Frères, pour prouver jusqu'à l'évidence que Monseigneur Nouvel s'est montré dans ses écrits « ce serviteur fidèle et prudent que son Maître a établi sur ses serviteurs, pour leur distribuer la nourriture selon le temps ? »

Ajoutons seulement que, à l'apparition des *Manuels*

de morale civique, dont plusieurs ne tardèrent pas à être condamnés par la Sacrée Congrégation de l'*Index*, votre évêque eut la bonne pensée d'adresser à ses prêtres la lettre dans laquelle l'éminent cardinal Guibert exposait les vrais principes sur la matière et donnait à son Clergé les plus sages conseils.

Mes Frères, Monseigneur Nouvel n'était pas homme à parler ou à écrire pour l'amour de l'art oratoire. Il préférait l'action, accomplie sans bruit, en temps opportun. A l'exemple du divin Maître (1), il commençait par se mettre à l'œuvre, après avoir calculé ses ressources et considéré les avantages d'une entreprise. Au besoin, il prenait conseil de ceux qui avaient sa confiance. En agissant, il enseignait ; en commandant, il exécutait. Ses actes comme ses paroles attesteront sa *fidélité* et sa *prudence*.

A peine avait-il pris les rênes de son administration, qu'il se sentit tenté de retourner dans le désert, où il avait laissé une partie de son cœur. Il ne refusait pas le travail ; mais le fardeau qui lui avait été imposé, malgré ses réclamations et ses larmes, l'effrayait, en le désolant.

Quelques mois après sa prise de possession, il annonce sa première visite pastorale. « Elle doit être, écrit-il à ses prêtres, une occasion d'affermissement dans la foi et dans la piété, non seulement pour ceux qui reçoivent le sacrement de la Confirmation, mais encore pour tous les fidèles qui, en se rappelant le jour dans lequel ils ont été fortifiés par l'onction sainte, peuvent obtenir un renouvellement de grâce et de ferveur. » Il désire être reçu avec la plus grande simplicité. « Voyez plutôt en moi le moine que l'évêque,

(1) Act. des Ap., I, 1.

ajoute-t-il, pour observer les règles de la frugalité qui sont conformes aux vœux de la sainte Église (1). »

Le passage de l'évêque au milieu des populations des villes et des campagnes porte toujours ses fruits. Au jour de son sacre, il fut constitué le dépositaire des grâces les plus précieuses. Il doit les répandre abondamment sur toutes les âmes confiées à sa sollicitude pastorale. C'est l'heure de parler avec instance et circonspection, d'encourager les uns, d'avertir les autres, d'administrer paternellement, *suaviter et fortiter,* des corrections efficaces. La famille paroissiale est réunie. Son chef rend compte de son administration. Il expose sans contrainte ni défiance la situation temporelle et spirituelle de son peuple. Chacun prend sa juste part des félicitations, des remerciements, des observations du premier pasteur, qui s'en va, plein d'espoir, porter ailleurs les mêmes bienfaits. Les petits et les grands, les justes et les pécheurs, les vivants et les morts ont des droits particuliers à ce dévouement que rien ne déconcerte.

Au premier abord, mes Frères, vous fûtes étonnés de voir venir vers vous, avec une simplicité austère, le pieux pontife que Dieu destinait à porter humblement chez nous l'habit du Patriarche des Moines d'Occident. Ce ne sera pas en vain que vous l'aurez vu prier, se mortifier, se sacrifier pour votre sanctification. Vous parlerez longtemps et souvent de lui, de sa gravité, de sa bonté, de son zèle, de toutes ses vertus à vos enfants et à vos petits-enfants. Il est à craindre que les Ordres religieux ne soient pas appelés de sitôt à vous fournir un autre apôtre revêtu de la même dignité. Pourvu que Dieu vous fasse la grâce

(1) C. Trid., sess. 24, cap. 3, de Reform.

de commettre bientôt à un homme de sa droite les grands intérêts de votre Église ! Espérons que vous avez déjà un nouveau protecteur au ciel et qu'il plaide votre cause avec tout le crédit que lui ont valu sa foi, sa charité, les sueurs répandues durant ses courses pastorales, où il devait succomber intrépidement, comme le soldat qui meurt sur la brèche, après l'avoir ouverte à ses compagnons d'armes.

Au retour de sa première visite générale dans son diocèse, Monseigneur Nouvel chargea ses coopérateurs d'interpréter sa joie, sa gratitude et les espérances qu'il avait conçues à votre approche. Il faut que votre bien-aimé défunt exprime lui-même les sentiments que vous lui aviez inspirés : « Dites à vos bons paroissiens que nous avons dans notre cœur, après les avoir connus, une affection encore plus vive pour leurs âmes, et que nous n'avons, comme l'Apôtre, qu'un seul désir, celui de leur donner non seulement l'Évangile de Dieu, mais encore notre vie, parce qu'ils nous sont devenus plus chers (1). »

Dans la même Circulaire, il est fait mention de trois faveurs sollicitées et obtenues du Souverain Pontife relativement au Culte de Sainte Anne, de la Bienheureuse Marguerite-Marie et de la Bienheureuse Françoise d'Amboise.

Deux ans plus tard, en juin 1874, nous trouvons dans ses actes épiscopaux les mêmes témoignages de satisfaction et de reconnaissance. Ses prêtres sont invités à continuer avec lui des relations qui lui sont si douces et dont tout le monde tirera grand profit.

« Mais auparavant, dit-il, Nous irons demander au Souverain Pontife ses instructions, ses ordres et ses

(1) Ire Ép. aux Th., II, 8.

conseils. Pour accomplir le serment que nous avons fait au jour de notre consécration épiscopale, nous remettrons au Successeur de Pierre la relation de l'état de notre diocèse. Nous lui exposerons nos anxiétés sur les dangers qui menacent les populations dont il nous a confié la conduite, et nous lui demanderons la solution des difficultés que rendent plus nombreuses les agitations des jours troublés que nous traversons. »

Mes Frères, allons immédiatement le rejoindre à Rome. Pendant son premier pèlerinage *ad limina,* il vous exposa à un véritable danger, dont aucun de vous ne se doutait peut-être. Le Pape veillait de loin sur vous et sur votre diocèse.

Le 7 octobre 1874, Monseigneur Nouvel avait le bonheur inexprimable de mettre aux pieds de Pie IX vos hommages et vos offrandes. L'audience fut longue, intéressante, et sans doute plus affectueuse encore. Le lendemain, trois prêtres de Vannes avaient l'honneur insigne d'être reçus par le Saint-Père, qu'ils trouvèrent travaillant à la lueur de sa lampe. Écoutez ce dialogue ; s'il fait grand honneur à Monseigneur Nouvel, il n'en est pas moins vrai que ses diocésains pouvaient en souffrir cruellement :

« De quel diocèse êtes-vous, mes enfants ? — « Du diocèse de Vannes, Très Saint-Père. — « Ah, oui ! Oh ! je connais le diocèse de Vannes. Où demeurez-vous ? » — « A Lorient, Très Saint-Père. » — « A Lorient ! Mais, c'est tout auprès de Quimper. L'évêque de Quimper est ici, mes enfants ; il est venu me voir hier ; il est bien bon... Il est moine... Quand votre Gouvernement m'a proposé un moine, je l'ai accepté tout de suite. Il est le seul moine dans l'épiscopat de France. Mais, ce bon évêque, il ne voulait pas rester à Quimper ; il m'a proposé sa démission : je lui ai dit que je suis plus vieux et plus occupé que lui, et cependant je reste pape ; et je n'ai pas voulu accepter sa démission. Il est *houmile* l'évêque de Quimper, il est *houmile*, mes enfants ; il m'obéira et il restera à Quimper. »

Nous avons lieu de croire que cet acte de si profonde humilité fut renouvelé en 1883, lors du troisième et dernier voyage *ad limina*. Le prêtre qui accompagnait votre évêque put le supposer, d'après une allusion du Souverain Pontife. Le Religieux bénédictin n'oublia point, avant de revenir vers vous, de visiter, à Subiaco, le Général de son Ordre, qui l'encouragea sans doute à prendre son mal en patience, l'assurant que vos âmes valaient bien les tourments que lui occasionnait votre sanctification.

Loin de se glorifier de la plus haute sanction qui pût être donnée sur la terre à son épiscopat, Monseigneur Nouvel regretta de n'avoir pas été pris au mot. Néanmoins il cultivera désormais avec plus de liberté d'esprit et de conscience la vigne où son Maître, connaissant *sa fidélité* et *sa prudence*, l'a établi pour distribuer à ses serviteurs la nourriture selon le temps.

Sans parler de ses innombrables prédications au cours de ses tournées pastorales, combien de stations d'Avent s'est-il réservées dans cette cathédrale ? Vous le voyiez, en outre, occuper cette chaire aux principales fêtes de l'année. Il se plaisait aussi à évangéliser les communautés religieuses, à y donner les exercices spirituels. Supérieur de beaucoup de ces Maisons, asiles de la prière, de l'étude et de la pénitence, il les visitait fréquemment et leur dispensait des secours spirituels et temporels, dont Dieu seul connaît le prix. Les Carmélites, à Brest et à Morlaix ; les Bénédictines du Calvaire, à Landerneau ; les Ursulines, à Quimperlé ; les Augustines, à Pont-l'Abbé ; les Dames de la Retraite, à Quimper, et tant d'autres pourraient publier ses bienfaits.

Gardons-nous de passer sous silence l'humble monastère de Kerbénéat. Les bons Religieux qui s'y préparent, dans le silence, l'étude, la prière et la mortification, à servir d'auxiliaires au Clergé séculier de Basse-Bretagne, savent de qui ils tiennent leur existence. L'esprit de leur fondateur s'est reposé sur eux. Il avait ses raisons pour les laisser dans l'ombre. Une apparente indifférence n'est-elle pas quelquefois l'indice d'un profond attachement ? Les missionnaires, notamment les missionnaires parlant la langue bretonne, n'ont pas peu contribué à conserver la foi et à faire fleurir la piété dans notre pays. Formons les vœux les plus sincères pour que la petite colonie bénédictine, attirée de la Pierre-qui-Vire au fond de la Bretagne, devienne une vaillante légion, ajoutée à toutes les troupes d'élite dont les évêques s'estiment heureux d'accepter le secours, et pour lesquelles, par justice, par besoin et par gratitude, ils réclameront sans cesse la liberté du dévouement et du sacrifice.

Ce n'est pas seulement du haut de la chaire chrétienne, mes Frères, que la vérité et la justice doivent être enseignées aux petits et aux grands. Comment les faire pénétrer au sanctuaire de la famille ? Comment les maintenir sur les bancs de l'école, aujourd'hui que l'entrée des classes est interdite aux prêtres et que les instituteurs et les institutrices publiques ne pourront plus, le voudraient-ils, enseigner à leurs élèves les éléments de la doctrine chrétienne ?

Ces entraves, qu'il ne dépend pas de nous de briser, accablaient de douleur l'âme de Notre bien-aimé Frère.

Que de fois nous en avons gémi ensemble, et, touchés de compassion à la vue de ces foules accablées de fatigue, abandonnées comme des brebis qui n'ont point de pasteurs, nous disions avec anxiété : « La moisson est grande, mais il n'y a point d'ouvriers (1) », ou du moins, il nous manque de quoi les louer, pour les envoyer vers ces infortunés enfants, qui languiront dans l'ignorance de leurs devoirs religieux, qui ne distingueront pas la vérité de l'erreur et finiront par « boire l'iniquité comme l'eau (2) » la plus rafraîchissante.

Mais il ne suffit pas, mes Frères, de se lamenter ainsi, en pure perte. Il faut aviser aux moyens de fonder et d'entretenir des écoles libres, où les enfants du peuple apprendront à connaître le Père des pauvres, le Dieu des sciences, des armées, des nations, le Protecteur de la veuve et de l'orphelin, le Vengeur du crime et le Rémunérateur de la vertu. Il faut que le riche ouvre ses coffres-forts et que chacun s'impose des privations en faveur de ces Maisons de refuge, de préservation religieuse et sociale. Si l'Église était dotée comme autrefois, elle disputerait à tous la palme de la munificence. Après l'avoir dépouillée de ses biens, la Révolution lui marchande la faible indemnité que lui assure la loi. Cependant elle payera de sa pauvreté comme de sa personne. Avec la protection du Ciel et l'assistance de la terre, d'où la Providence ne sera jamais bannie, elle multipliera le pain de l'intelligence et du cœur, comme son divin Fondateur multipliait autrefois, au désert, le pain du corps. Les pauvres, qui ne disparaîtront jamais de notre société, seront évangélisés.

(1) S. Matth., IX, 36, 37. — (2) Job, XV, 16.

Monseigneur Nouvel avait commencé d'opérer ce miracle de charité chrétienne. En effet, plus de deux cent mille francs ont déjà été dépensés dans la ville de Quimper pour la création des écoles libres. Avec l'aide du prêtre éminent qui, depuis près de quinze années, jouissait, à si juste titre, de sa confiance, votre évêque avait établi l'œuvre de la Doctrine chrétienne, érigée en confrérie, enrichie d'indulgences et dont le siège est à la cathédrale. Dès la seconde année, le budget de cette association de première nécessité s'est élevé à vingt mille francs. Dieu en soit loué ! Louange aussi au « serviteur fidèle et prudent que son Maître a établi sur ses serviteurs pour leur distribuer la nourriture selon le temps ! »

Remarquez, mes Frères, que la ville épiscopale n'a pas seule bénéficié de ce résultat merveilleux. Une cinquantaine d'écoles libres ont été bâties, et d'autres, agrandies. Ce feu sacré de la bienfaisance la plus opportune et la mieux comprise s'est propagé dans tout le diocèse. Espérons qu'il finira par éclairer suffisamment jusqu'aux villages les plus reculés, et que Dieu, qui peut seul tirer le bien du mal, perpétuera le zèle et la générosité des Bienfaiteurs, en leur inspirant de ne pas se borner, si cela est nécessaire, à épuiser leur superflu.

A la vue du mouvement désordonné qui pousse notre génération à des conceptions si funestes à l'Église et à la société civile, Monseigneur Nouvel redoute pour son pays de terribles châtiments. Non content d'inviter à la prière privée et publique, dans l'espoir de fléchir la colère céleste, il s'occupe activement de préparer tous les moyens de sauvetage que sa religion et son patriotisme lui suggèrent. L'enfance et la jeunesse sont l'objet de ses plus vives préoccupations. Il s'entend avec ses prêtres pour rédiger un nouveau Catéchisme mieux approprié aux besoins du moment, pour modifier le règlement et le programme des Conférences ecclésiastiques et de l'examen des jeunes prêtres, afin que ses chers Coopérateurs soient prêts à diriger la défense sur tous les points où se produira l'attaque. Les meilleures dispositions étaient également prises aux séminaires pour former les élèves à la science, à la discipline et à la piété. Il voulait assurer l'avenir, autant que ses ressources et les circonstances se prêtaient à ses combinaisons.

En même temps, il élevait les yeux vers le Ciel, d'où viendra tôt ou tard le secours qui nous est nécessaire. Il implorait la protection des Saints. Ce fut ainsi que, l'année dernière, il se réjouit d'apprendre que quarante mille pèlerins se trouvèrent réunis, sous la présidence de son Vicaire général, aux pieds de Notre-Dame du Folgoët. Comme en 1873, toute la contrée répondit avec dévotion à l'appel du premier Pasteur, qui ne trouvait pas mauvais que ses prêtres prissent l'initiative des œuvres de zèle et de propagande.

Quelques mois plus tard, vous assistiez ici à l'une de ces manifestations religieuses qui marquent dans l'histoire d'un peuple chrétien. Cette fête préparée de longue main, en l'honneur du Patron de la cité, par les prêtres et les fidèles, l'emporta sur toutes les cérémonies dont Quimper conserve le souvenir. Dès le mois de mars, votre Évêque écrivait ceci :

« Les annales de la Bretagne conservent de nombreux témoignages de la piété dont les fidèles de tous les siècles ont été animés pour le glorieux saint Corentin, premier évêque de Quimper. Il était invoqué avec confiance dans les calamités publiques, et les hommages de respect et de reconnaissance qui lui étaient rendus attestent les bienfaits obtenus par sa puissante intercession auprès de Dieu.

» La dévotion populaire aimait à vénérer ses reliques, et la légende de notre bréviaire, dans la fête de la Translation des Reliques de saint Corentin et de saint Pol de Léon, qui se célèbre le premier dimanche du mois de mai, nous rappelle que notre église cathédrale possédait une Relique insigne, le bras de saint Corentin, qui était regardée comme le palladium de notre cité.

» Cette légende, en nous disant que cette Relique, placée à l'entrée du chœur de la cathédrale, y était restée jusqu'à la dernière persécution de l'Église, *usque ad novissimam Ecclesiæ persecutionem remansit*, laissait à penser que le diocèse avait perdu un de ses trésors les plus précieux.

» Nous devons au zèle, à la piété et à la science de Monsieur l'abbé du Marhallac'h, notre Vicaire général, le bonheur d'avoir retrouvé, avec les marques de son authenticité, la précieuse Relique, qui, nous en avons la douce confiance, manifestera la puissance de saint Corentin pour défendre, contre les ennemis de la religion, la foi chrétienne dont il fut l'apôtre dans notre diocèse. »

La Translation solennelle de cette Relique insigne fut fixée au 12 décembre. Ceux de vous qui en furent les témoins, n'oublieront jamais le spectacle incomparable dont ils jouirent au delà de toute expression. Le Rédacteur de votre *Semaine religieuse* terminait ainsi le compte-rendu de ces fêtes splendides : « Quimper n'en a jamais vu de pareilles et n'en verra probablement plus désormais. Il y a cependant une chose qui leur a manqué : c'est la durée, la perpétuité. Seule, la grande fête du ciel aura ce caractère. »

Le ciel ! votre évêque y aspirait de toute l'ardeur de son âme. Lorsqu'il procurait cette suprême ovation à saint Corentin, pensait-il à se rapprocher de lui sur la terre comme au ciel? C'est un secret qu'il a emporté dans la tombe. Toujours est-il que, le jour de ses magnifiques funérailles, Nous fûmes frappé de voir transporter ses restes mortels dans la chapelle dédiée au premier évêque de Quimper. Le bras de saint Corentin, richement enchâssé, semble indiquer la place réservée, tout près de lui, à ce « serviteur fidèle et prudent que son Maître a établi sur ses serviteurs, pour leur distribuer la nourriture selon le temps. » Il attendra la résurrection de la chair dans cette antique cathédrale, dont il a continué la restauration et l'embellissement, commencée par son prédécesseur, « dévoré, lui aussi, du zèle de la Maison de Dieu (1). »

Il a suffi, Mes Frères, de vous rappeler quelques-unes des bonnes œuvres du vénéré Pontife pour mettre en lumière ses grandes vertus.

Sa foi et sa charité brillèrent toujours et partout d'un vif éclat, que tempéraient une humilité profonde et une complète abnégation.

Au témoignage de saint Paul, « il faut que l'évêque soit irrépréhensible, sobre, prudent, grave, chaste, hospitalier, capable d'instruire (2), — qu'il ne soit ni altier, ni colère, ni porté à frapper, ni avide d'un gain sordide, mais qu'il soit affable, juste, saint, for-

(1) Ps. LVIII, 10. — (2) Ire Ép. à Tim., 3.

tement attaché aux vérités de la foi, telles qu'on les lui a enseignées, afin qu'il puisse exhorter selon la saine doctrine et convaincre ceux qui la contredisent (1). »

Or, mes Frères, dites si notre vénéré défunt ne posséda pas toutes ces qualités ?

Signalons particulièrement les vertus morales qui se développèrent davantage en lui, à cause de ses prédispositions naturelles et de sa fidélité à la grâce divine. Nous n'avons que l'embarras du choix. Toutefois, celles qui nous semblent le caractériser plus parfaitement, sont : l'amour du devoir, une fermeté pleine de modération, une loyauté à toute épreuve, une humeur toujours égale, une rare bienveillance, une simplicité native, une mortification résolue et constante.

S'oubliant lui-même pour s'occuper des autres, il se mettait sans réserve au service de Dieu et du prochain. « Levé de très grand matin, comme il est écrit de la femme forte, il ne mangeait point son pain dans l'oisiveté (2). » Il avait terminé ses exercices de piété et bien avancé son travail quotidien, lorsque ses familiers venaient chercher ses conseils et demander ses ordres. Certes, cette parole de saint Paul n'eût pas été dans sa bouche une présomption : « Pour moi, je donnerai tout très volontiers et je me donnerai encore moi-même pour le salut de vos âmes (3). » La fin du texte ne lui est point applicable. Ils sont rares, en effet, ceux qui ne lui ont pas rendu justice.

Comme il était affable et prévenant envers tous, principalement à l'égard de ses prêtres ! Sa porte leur

(1) Ép. à Tite, I. — (2) Prov., XXXI. — (3) 2e Ép. aux Cor. XII, 15.

était ouverte à toute heure ; il les écoutait, les conseillait, les encourageait, répondait promptement, verbalement ou par écrit, à leurs consultations ; il savait compatir à leurs peines, comme aussi leur adresser ses remontrances. Quand Dieu les rappelait à lui, il les pleurait et leur accordait ses pieux suffrages. Avec quels accents il paya son tribut à la mémoire de trois de ses anciens Vicaires généraux, Messieurs Évrard et Jégou et Monseigneur de Léseleuc, qu'il avait comblé, avant son départ pour Autun, des plus cordiales attentions ! Son Clergé était-il en butte à des vexations qui ne nous sont point inconnues ? *Nolite tangere christos meos* (1), s'écriait-il ! Et, au risque d'encourir l'animosité de l'assaillant, il couvrait les siens d'une protection invincible, sans manquer de la mesure et de la charité tant recommandées par le grand et saint Pape qui nous apprend à triompher de la force brutale par une douceur pleine de vigueur et d'urbanité. Il était si loyal à Dieu et aux hommes, qu'il se sentait blessé au vif, non seulement par une injustice flagrante, mais encore par une indélicatesse calculée et consentie. Sa discrétion égalait sa franchise. Dans le commerce habituel de la vie, avec ses égaux ou ses inférieurs, avec ses parents ou ses amis, son visage s'épanouissait, révélant une belle âme, un cœur généreux, une conscience en paix. Jusqu'à quel point excéda-t-il dans cette simplicité bretonne qui va droit son chemin, sans vaine prétention et sans regrets superflus ? On le voyait partir, portant à la main une sorte de sac de Frère quêteur. Tout étranger se fut mépris sur sa haute dignité dans l'Église ; en pays inconnu, le moine effaçait l'évêque. Ses voyages étaient aussi courts que possible ; il ne découchait que par nécessité. Autrefois, sa paroisse, disait-il familière-

(1) Ps. CIV, 15.

ment, *lui bourdonnait aux oreilles*, lorsqu'il en sortait pour visiter ses parents et ses amis. Il paraît que son diocèse lui occasionnait des bruits plus assourdissants, qui le rappelaient vite à son poste, lorsqu'il se décidait à l'abandonner, pour sa propre satisfaction, pendant quelques heures. On l'apercevait fréquemment, seul, à pied, dans les rues de sa ville épiscopale, allant où l'appelaient les bienséances sociales ou les œuvres de miséricorde. Les malades, les pauvres, quelquefois les pécheurs avaient en lui un pontife compatissant et secourable. Combien d'hommes lui faisaient ensuite des visites intéressées, d'où ils emportaient une conscience soulagée de lourds fardeaux, qui les accablaient depuis longues années !

La pauvreté évangélique était peut-être la moindre des mortifications pratiquées par le pieux disciple du T. R. P. Muard.

Il convient de parler discrètement de sa vie pénitente. *Fidèle* jusqu'au bout aux saintes observances de son Ordre, il manqua de *prudence* pour les soins que réclamait sa santé. Il couchait sur la dure, sans quitter sa robe de Religieux; il gardait strictement l'abstinence et ne buvait que de l'eau. Au nom de la sainte obéissance, on finit par obtenir, mais trop tardivement, qu'il prit des aliments gras. Avec quelle joyeuseté il suivait son régime maigre, pendant qu'il offrait à ses convives des repas abondants mais sans recherche ! Autant il était rigide pour lui-même, autant il se montrait indulgent pour autrui. C'est, d'ailleurs, le propre de toutes les âmes d'élite.

Voici un trait qui donne une juste idée de l'attachement de Monseigneur Nouvel à la Règle de son couvent et qui peint au naturel son esprit de mortification. Préoccupé de l'incommodité que lui occasionnait son habit de moine pendant sa première tournée pastorale, qui avait lieu en été, le T. R. P. Abbé de la Pierre-qui-Vire lui en adressa un plus léger. Laissons parler le prêtre chargé de proposer le soulagement dont il s'agit : « Je m'empressai de m'acquitter de ma commission. Monseigneur me reçut très mal et m'ordonna de renvoyer à la Pierre-qui-Vire ce que j'en avais reçu. M'étant permis d'insister, il me fut répondu : « Ne savez-vous donc pas que la moitié de la pénitence du Religieux consiste à porter son habit, en été comme en hiver ? » — « Que dira de votre refus le R. P. Bernard ? » — « Mais c'est lui qui m'a appris à porter mon habit en tout temps ; je veux le porter tel qu'il me l'a donné le jour de mon entrée en Religion, comme le portent mes Frères de la Pierre-qui-Vire... » — Je dus me retirer, vaincu et très édifié... » Monseigneur, ajoute mon correspondant, suait tellement sous son habit religieux pendant les grandes chaleurs, qu'il en était très incommodé. Lorsque quelqu'un s'apitoyait sur son sort, il répliquait avec sa gaîté habituelle : « Vous n'y entendez rien ; la laine qui me couvre, absorbe ma sueur, et, en hiver, j'ai chaud, alors que vous grelottez de froid. »

Chaque année, jusqu'au jour de deuil public où tant de Religieux furent arrachés de leurs couvents, comme des malfaiteurs, il allait se retremper à la Pierre-qui-Vire. Il eut la joie d'y faire une ordination et d'assister à la Bénédiction du premier Abbé de ce monastère, qui n'avait auparavant qu'un Supérieur. Empruntons à une lettre d'un de ses Frères en Religion les détails édifiants que voici : « *Tenacissimus Britto,* écrivait notre cher P. Anselme au Souverain Pontife... C'est bien le caractère qui le distingue dans la vertu... Il est d'une ténacité merveilleuse et qui nous confond. Lorsque notre cher évêque nous est arrivé pour la

Retraite du mois de juillet, il nous a bien prouvé cette ténacité, en se montrant plus Religieux que jamais. Quelle humilité ! quelle douceur ! quelle ineffable charité ! Le voyez-vous comme un simple moine dans sa coulle, ayant fait disparaître le gland de son chapeau, la croix pectorale, l'anneau qui désignait le Prince de l'Église, pour paraître simple Religieux. Quand il arrive chez nous, il veut se mettre à son rang de profession. Il faut que la sainte obéissance au P. Prieur l'oblige, comme évêque, à occuper la place d'honneur. La cloche du travail sonne, il est le premier à la cuisine, revêtu d'un pauvre tablier, muni d'un plus pauvre couteau, épluchant les pommes de terre et les autres légumes, avec l'amabilité que vous lui connaissez. Au Chapitre des Coulpes, il veut se prosterner au milieu de toute la Communauté, pour demander pénitence. Le Prieur et le Révérend Père ont peine à l'en empêcher. A l'église, il refuse de bénir le prédicateur. Il ne veut pas être évêque mais moine chez nous. S'il a besoin de dire un mot aux supérieurs, il met, comme un simple moine, le doigt sur les lèvres pour en obtenir la permission ; s'il arrive tard à l'office, il veut se mettre à genoux pour demander satisfaction. Lorsqu'il s'agit du départ, il sanglotte. Pourquoi se voit-il contraint de nous quitter ? Sa charité est sublime pour tous. Comme il nous aime ! comme il veut nous rester uni ! comme il soupire après l'heureux moment qui lui permettra de revenir vers nous ! Oh ! nous aussi nous l'aimons bien, notre cher Frère !... »

Voilà, mes Frères, comment a vécu « ce serviteur fidèle et prudent que son Maître a établi sur ses serviteurs, pour leur distribuer leur nourriture selon le temps. » Résignons-nous à le voir mourir, — prématurément, malgré son âge avancé, — victime volontaire d'un zèle qui ne connaissait pas de bornes, d'une austérité propre à confondre notre mollesse. « Ne pleurons pas sur lui ; pleurons plutôt sur nous (1). » Les Dieux s'en vont, disaient les anciens, à l'approche des calamités publiques. De nos jours, les Saints disparaissent de cette terre, qui tremble sous nos pas mal assurés. N'est-ce point une grâce que Dieu leur accorde, pour leur épargner des angoisses extrêmes, de plus grandes douleurs religieuses et patriotiques, réservées à ceux qui resteront après eux ? Au lieu de chercher vainement à scruter les desseins impénétrables de la Providence sur les vivants et sur les morts, accordons nos plus ferventes prières à ceux qui nous ont *précédés avec le signe de la foi et dorment du sommeil de la paix,* « après nous avoir prêché la parole de Dieu ; et, considérant quelle a été leur fin, imitons leur foi (2). »

Tant et de si rudes assauts ruinent les plus robustes constitutions. Depuis longtemps déjà, mes Frères, votre évêque sentait ses forces décliner. Il avait un vague pressentiment de sa fin prochaine. Un mal insidieux et ordinairement incurable usait peu à peu son organisme et devait amener promptement une décomposition générale. Il ne se faisait pas illusion. Pendant le carême dernier, il dit, un soir, à l'un de ses meilleurs amis, qui le reconduisait à l'évêché, après la récréation qu'ils prenaient habituellement ensemble : « Je m'en vais ; mais cette pensée ne me rend pas malheureux. J'ai une pleine confiance dans la miséricorde de Dieu. J'ai assumé dans ma vie bien des responsabilités. J'ai été cinq ans Curé d'une paroisse de quatorze mille âmes : j'ai administré pendant seize ans un des plus grands diocèse de France. Eh bien ! quand je scrute ma conscience, elle me rend le

(1) S. Luc, XIII, 28. — (2) Ép. aux Héb., XIII, 7.

témoignage que mes intentions ont toujours été droites. J'ai dû me tromper quelquefois, souvent peut-être; mais notre Père céleste est indulgent, et, s'il m'est arrivé de n'avoir pas assez fait pour m'éclairer, il me le pardonnera. » Un autre jour, il dit au même : « Quand je me mets au lit, je fais mon examen de conscience et je me demande si je puis sans scrupule dire la messe le lendemain ; je prends la résolution de la dire et je m'endors sur cette réflexion consolante : puisque je ne suis pas trop indigne de recevoir mon Créateur, je puis espérer que je ne suis pas non plus trop indigne de paraître devant lui. »

Ce fut sous le poids de ces graves appréhensions qu'il prépara sa dernière visite pastorale, d'où il devait revenir agonisant. Son entourage, très inquiet, lui demanda d'ajourner une tournée qui devait durer trente jours ou, du moins, de l'interrompre par des repos successifs. C'eût été causer des dérangements dans les paroisses ; il fut inflexible et partit, après avoir consenti à voir le médecin, qui lui prescrivit de se nourrir de viande. Dans les premiers jours d'avril, il éprouva des mouvements irréguliers du côté du cœur. Il en résulta des suffocations, qui l'inquiétèrent sans l'arrêter. Du 21 avril au 21 mai, il se traîna péniblement mais courageusement, de station en station, c'est-à-dire de paroisse en paroisse, dans cette voie douloureuse, suppliant le Saint-Esprit, qu'il portait aux autres, de lui accorder la force d'achever son œuvre. Le 24 avril, il écrivait à un ami : « Je visite en ce moment d'excellentes populations dont la foi vive n'a pas été atteinte ; cela durera-t-il toujours ? Je ne suis pas très bien, mais je puis remplir mon devoir, attendant la visite de Notre Seigneur ; il me fait sentir que je dois être prêt à répondre à son appel. J'ai confiance en lui, et je m'abandonne ; dans les temps actuels il est facile de se détacher de la vie. Puissent les fruits de la Mission de Rennes se conserver ! Il faut de nos jours de ces grandes luttes contre le mal. Dieu nous demande le travail et non le succès. L'horizon est bien noir, et je ne sais pas ce que nous deviendrons, lorsque la loi scolaire produira ses effets. Je ne les verrai point ; ce qui ne m'empêche pas de les craindre. »

En effet, mes Frères, ses jours étaient comptés. « Il lui restait tout juste assez de temps et de force, lisons-nous dans le Mandement du vénérable Vicaire capitulaire, afin de pourvoir aux nécessités urgentes de la situation, et de se préparer à la mort avec les sévères précautions qu'elle commande à tous les chrétiens, et la haute dignité qui convient aux princes de l'Église.

» Ces graves obligations, il les a remplies l'une après l'autre dans la plénitude de la raison, avec la lucidité d'esprit et la précision qu'il apportait à toutes les affaires : mais surtout avec une simplicité chrétienne et une grandeur d'âme peu communes. »

Ses sœurs étaient accourues et lui prodiguaient les soins les plus affectueux. Il parlait de sa mort comme s'il se fût entretenu de la mort d'un autre. Toutefois, affirme un de ses confidents : « Ce moine a beaucoup souffert pour faire le sacrifice de sa vie. Cela s'explique facilement : il était le plus dévoué des parents et des amis ; il portait le plus vif intérêt à ses prêtres ; il aimait passionnément l'Église et la France. Comment eût-il accepté sans regrets la rupture de pareils liens ! »

Le 29 mai, fête de la Pentecôte, il dit la sainte Messe pour la dernière fois. Il voulut, dans l'après-midi, écrire ses dernières recommandations à ses diocésains : « Mes doigts se sont refusés au travail, dit-il ensuite ; un autre a dû me venir en aide... Et puis, voyez, je suis désormais cloué sur ce fauteuil... De la force morale, j'en ai encore, Dieu merci!.. »

Les pages dont il s'agit, mes Frères, sont comme le testament religieux du Père de vos âmes. Exécutez-le fidèlement. Il avait pris toutes ses précautions, dans l'espoir de vous être utile même après sa mort. *Defunctus adhuc loquitur* (1). N'est-il pas vrai, Éminence, que, confiant en votre haute protection, il Vous écrivit d'user de toute votre influence pour obtenir le plus promptement possible à son peuple un nouveau « serviteur fidèle et prudent qui lui distribuerait la nourriture selon le temps? »

Pour ce qui le concernait personnellement, il persistait dans une sainte indifférence : « Vous ferez de mon corps ce qui vous conviendra », dit-il à ceux qui l'entouraient. Se trouvant ensuite seul avec un prêtre qui lui avait toujours témoigné beaucoup de dévouement : « Vous prierez pour moi, mon ami.... Je crois pouvoir me rendre cette justice que j'ai toujours été un serviteur de bonne volonté. » Dans un autre moment, il ajouta : « Je n'ai rien qui me gêne... Je dois cela à la sainte Vierge ; je lui ai répété si souvent : *Ave, Maria!* » — « Son sourire avait alors, au rapport d'un témoin de cette scène attendrissante, un charme que nous ne saurions exprimer. Il venait, sans y songer, de nous révéler le secret de sa force de cœur et de sa liberté d'esprit, que nous avions admirées dans les épreuves diverses de son administration : la paix d'une conscience sans reproche! Il nous était donné de voir se vérifier à la lettre, dans la personne de cet homme

(1) Ép. aux Héb., XI, 4.

qui s'était caché dans l'ombre, l'exquise parole des Saints Livres : *Et ridebit in die novissimo* (1). »

Le lundi, 30 mai, Monseigneur, qui avait conservé toute sa présence d'esprit, pria son médecin de lui dire la vérité entière. Il fut obéi. Sachant alors à quoi s'en tenir, il ordonna de lui administrer les derniers sacrements dans la soirée et de prévenir son beau-frère, dont l'arrivée, le lendemain matin, fut pour lui une dernière joie en ce monde.

En l'attendant, il reçut, avec la foi la plus vive et l'humilité la plus profonde, le Saint Viatique et l'Extrême-Onction.

Le Chapitre arriva processionnellement dans le salon, où ce juste près d'expirer, assis, revêtu du surplis, prononça distinctement ces paroles : « Je vous remercie, Messieurs, de m'apporter Notre Seigneur, qui m'appelle, et l'Extrême-Onction qui va m'aider à bien mourir. J'ai demandé pardon à Dieu de toutes mes fautes, et j'espère en son infinie miséricorde. Je vous demande pardon à vous-mêmes, Messieurs, des fautes que j'ai pu commettre envers vous ; je vous prie de les attribuer à la faiblesse et à la fragilité. »

A la fin de la profession de foi prescrite aux évêques, lue à haute voix, Monseigneur, posant la main sur l'Évangile repondit : « CREDO ; oui, je crois tout ce qui est révélé dans les Saints Évangiles. »

Après avoir reçu les secours de la Religion, il reprit, d'une voix ferme : « En vous quittant, Messieurs, je vous laisse dévoués à Jésus, notre Sauveur. C'est lui qu'il faut par dessus tout aimer, servir et défendre.

(1) Prov., XXXI, 25.

Il ne me reste plus qu'à vous demander de prier pour moi et à vous donner ma bénédiction. »

Le lendemain, dernier jour du mois de Marie, entouré de sa famille et de sa Maison épiscopale, il attendit patiemment, l'esprit tour à tour présent et absent, l'heure marquée pour rendre compte de son administration au Souverain Juge. Dans ses moments de délire, il semblait encore préoccupé de ses saintes fonctions; il parlait de célébrer la messe, d'administrer le sacrement de Confirmation. On l'entendit louer le zèle et la charité d'un prêtre, à qui il aurait voulu être agréable. Lorsque la fièvre l'agitait davantage et qu'il cherchait à se lever pour aller à l'église, on le calmait, en disant : « Il est trop vite; récitons auparavant notre chapelet. » Et il répondait à cette prière. Vers le soir, il tomba dans un assoupissement profond, avec quelques alternatives d'une demi-connaissance. C'est ainsi qu'au moment où l'on récitait à son chevet les litanies des Saints, à l'invocation : *Sancte Benedicte*, il joignit les mains, saisit le crucifix (son crucifix de Bénédictin) qui lui était présenté, et il l'approcha vivement de ses lèvres mourantes. Vers minuit, il expira doucement et alla célébrer au ciel, il nous est permis de le croire, le mois du Sacré-Cœur.

Huit jours après, avons-Nous dit, son corps fut porté respectueusement par ses prêtres désolés dans la chapelle où le glorieux Corentin « le couvrira de sa droite et le protégera de son bras (1). »

Cher et vénéré Pontife, dormez en paix votre mystérieux sommeil sous ces voûtes sacrées, qui ont souvent retenti de vos chants, de vos discours et de

(1) Sag., v, 17.

vos bénédictions, au milieu d'un peuple privilégié, qui, grâce à la vigilance et au dévouement d'un Clergé des plus recommandables, conserve les croyances et les vertus de ses pères, en dépit de la haine, de l'astuce et des complots de tous les ennemis du nom chrétien.

O vous qui l'avez connu et aimé, vous qui l'avez vu passer « en faisant le bien (1) », vous pour qui il a sacrifié ses goûts, tout ce qu'il possédait, sa vie même, venez souvent, venez avec confiance verser vos larmes avec vos prières sur son tombeau. Écoutez attentivement la voix de l'ange préposé à sa garde. Il vous semblera l'entendre murmurer tout bas : Ici repose « le serviteur fidèle et prudent que son Maître avait établi sur ses serviteurs, pour leur distribuer la nourriture selon le temps. » Vénérez sa mémoire ; pratiquez ses enseignements ; consolez-vous de l'avoir perdu ; vous le retrouverez dans un monde meilleur, où les obscurités et les épreuves de la foi feront place aux splendeurs et aux délices de la gloire. Ainsi soit-il.

(1) 1er Mac. III, 7.

www.ingramcontent.com/pod-product-compliance
Ingram Content Group UK Ltd.
Pitfield, Milton Keynes, MK11 3LW, UK
UKHW021312190726
13839UKWH00007B/1195

9 782329 595948